U0921425

“中山大学岭南学院学术发展资金”资助
“中山大学人文社会科学青年研究基金”资助

我国上市公司独立董事声誉机制研究

The Reputation Incentive of Chinese Independent Directors

陈　艳　著

经济管理出版社

图书在版编目（CIP）数据

我国上市公司独立董事声誉机制研究/陈艳著. —北京：经济管理出版社，2009.9

ISBN 978-7-5096-0751-0

Ⅰ. 我… Ⅱ. 陈… Ⅲ. 上市公司—企业管理—研究—中国 Ⅳ. F279.24

中国版本图书馆 CIP 数据核字（2009）第 157752 号

出版发行：经济管理出版社
北京市海淀区北蜂窝 8 号中雅大厦 11 层
电话：(010)51915602　　邮编：100038

印刷：北京银祥印刷厂　　经销：新华书店

组稿编辑：王光艳　　责任编辑：许　兵
技术编辑：杨国强　　责任校对：超　凡

720mm×1000mm/16　　9.5 印张　　155 千字
2009 年 10 月第 1 版　　2009 年 10 月第 1 次印刷

定价：30.00 元

书号：ISBN 978-7-5096-0751-0

《岭南学术文库》编委会

内容摘要

2001 年 8 月中国证监会发布《关于在上市公司建立独立董事制度的指导意见》，标志着我国境内上市公司正式全面地引入独立董事制度。然而，独立董事的激励问题一直困扰着我国独立董事制度的发展。在英美等国，独立董事的激励主要依靠声誉激励，声誉激励是独立董事制度有效运行的核心。然而我国理论界对于独立董事的声誉激励问题少有探讨。因此，在分析我国独立董事激励机制作用的制度背景的基础上，本书在第四章对于独立董事与股东之间的委托–代理关系建立了理论模型进行分析，发现在全体股东利益一致的情况下独立董事的声誉激励总是与股东的收益正相关，然而当存在大股东私有收益的情况下，对于大股东来说存在一个最优的独立董事的声誉激励水平，因此当大股东有能力控制独立董事声誉激励的水平时，可能会依据自身的持股比例和私有收益选择对自己最为有利的独立董事声誉激励水平。

本书的第五章和第六章通过分别考察我国独立董事在抑制关联交易和辞职行动中的表现，对于我国独立董事受到声誉激励的状况进行了实证研究。由于抑制不公平关联交易是独立董事工作的重要内容，所以本书首先考察了上市公司关联交易规模与独立董事市场声誉之间的关系。实证研究的结果发现，在对我国上市公司关联交易监管的工作中，独立董事没有受到有效的声誉激励，声誉假设并不成立。同时还发现固定薪酬对于独立董事抑制关联交易也没有显著的激励效果。因此，在缺乏激励的情况下，虽然中国证监会硬性要求上市公司引入独立董事制度，但是独立董事的绝对数量的提高和在董事会中所占的比例的增加并没有对我国上市公司的关联交易的规模起到显著的抑制作用。

当独立董事意识到公司治理问题却无力改变时，也有可能选择辞职来保全自身的声誉，因此本书进一步通过独立董事的辞职选择来考察我国独立董事受到的声誉激励。实证研究发现，声誉激励对于我国独立董事的辞职选择会产生

一定的影响，独立董事为了维护自身的声誉很注意回避上市公司的事项风险，但是独立董事对于公司的财务风险并不敏感。选择以独立董事辞职选择作为考察的对象，说明我国独立董事受到的声誉激励只能够促使独立董事回避已经暴露的显性风险，以减少这些风险给自己的人力资本带来贬值的可能性，但是并不能促使独立董事关注公司更为潜在的尚未在公众面前曝光的风险。

以上实证研究的结果表明，我国独立董事声誉激励的现状是：声誉激励对于我国独立董事的影响虽然存在，但是其影响力非常有限，只能够促使独立董事关注和回避一些表面化的风险，却不能够促使独立董事关注公司治理中存在的关联交易、财务风险等内在问题。

为了进一步解释我国独立董事声誉激励现状的成因，本书在第七章直接对独立董事市场进行了考察。研究的结果发现我国独立董事市场的作用机制是复杂的：一方面，当独立董事或是其所任职的公司受到处罚时，独立董事未来得到的聘任机会显著减少，说明独立董事市场能够识别已经表面化的独立董事显著的失职表现，并对此加以惩罚；但是另一方面，市场对于独立董事的监督工作的表现本身并没有提供合理的激励，工作努力、表现出色的独立董事难以得到市场的奖励，反而可能会降低自己的人力资本价值。因此，也就不难理解声誉机制为何难以对独立董事监管关联交易产生激励作用，而独立董事本人也只是选择规避一些显性的事项风险，对公司的潜在风险却并不敏感。

我国独立董事声誉激励现状的形成原因是：大股东控制了独立董事的选任过程，大股东存在为了自身的利益而“选择”独立董事的动机，但同时为了避免对本公司造成声誉上的不利影响，大股东也会避免选择曾经与问题公司有关联的独立董事。因此，独立董事劳动力市场只惩罚已经公开表现为失职的独立董事，但是工作不努力而尚未表现为严重的违规失职事件的独立董事并不会得到惩罚，反而会受到大股东的欢迎从而赢得更好的市场声誉。

综上所述，本书的研究结果表明，我国的独立董事受到的声誉激励只能够促使独立董事规避表面化的风险，却不能使得独立董事更加努力地工作以改善上市公司的治理水平。因此，进一步完善我国独立董事制度的关键在于必须大力改革独立董事的选聘机制。

本书适合于研究者、政府官员、企业界人士以及所有对我国公司治理制度改革和独立董事制度有兴趣的读者参阅。

前　言

在我国上市公司强制性引入独立董事制度是我国公司治理机制改革的重要内容，然而在欧美国家行之有效的独立董事制度在我国上市公司却出现了“水土不服”。《上海证券报》发表的首份中国独立董事生存现状调查表明：33.3%的独立董事在董事会表决时从未投过弃权票或反对票，35%的独立董事从未发表过与上市公司高管有分歧的独立意见。因此，人们甚至把独立董事戏称为“花瓶董事”。造成这种差别的原因何在？如何改善我国的独立董事制度以使其发挥更大的作用？这是摆在我国公司管理者和理论研究者面前的重要课题。

独立董事制度设计中存在的关键因素是独立董事对于“声誉”的追求。在西方国家也存在着由管理层推荐产生的独立董事没有动力监督管理层的问题，他们解决这个问题的方法是依靠一个高度发育的外部声誉市场，独立董事受到这个声誉市场的高度约束，为了维护自身的专家声誉，即使支付的报酬很少，独立董事也不会与管理层合谋（Fama，1980）。西方国家的独立董事市场通常建立在声誉机制（Reputation Effect）的基础之上，一般而言，独立董事往往视声誉为生命，非常重视自己可追踪的记录，因为可以依靠自己的声誉获得报酬丰厚的咨询契约，“声誉资本”的重要性成为独立董事在公司出现问题时采取矫正措施的无穷动力。然而我国独立董事制度的设计和实施中对于独立董事声誉问题并没有引起足够的重视，理论研究者对于独立董事声誉问题的研究也相当少见。

本书从独立董事声誉激励机制的角度出发，使用经济学主流分析方法，在分析了国内外文献对于独立董事声誉激励机制的理论研究的基础上，结合我国的制度背景，采用建立模型、实证研究等方法对我国上市公司独立董事所受到的声誉激励进行了一定的定性和定量的分析。实证研究结果发现，由大股东操控的独立董事市场具有柠檬市场的特性，优质的独立董事难以得到“声誉报

酬”。这导致独立董事缺乏对关联交易进行监督的动力，同时在决定是否辞职时，独立董事为了维护自身的声誉很注意回避上市公司已经暴露的显性风险，以减少这些风险给自己的人力资本带来贬值的可能性，但是对于公司更为潜在的尚未在公众面前曝光的财务风险并不敏感。因此，本书认为目前我国独立董事劳动力市场尚缺乏有效性，目前声誉激励机制对我国独立董事所起到的作用较小，进一步的改革应该给中小股东以独立董事的聘任权，以改善独立董事劳动力市场的有效性。

陈　艳

2009年9月

目 录

第一章　绪　论

第一节　选题背景和研究目的

在当今世界范围内，公司治理已经成为经济学理论界和实践中市场的参与各方密切关注的话题。这是因为，千千万万企业规模的壮大、国家宏观经济的发展都离不开微观上良好的公司治理的体制。对我国而言，由于转轨经济的特征和特殊的历史文化背景，公司治理的问题就显得更为复杂和突出，并亟待探索。公司治理问题的根源产生于所有权和控制权的分离。由于所有者和经营者的利益目标不同，两权分离产生了委托–代理问题。亚当·斯密在 1776 年就对这一问题进行了最早的阐述。Berle and Means（1932）在 20 世纪 30 年代已经洞察到了在现代股份公司中由于股权的分散将导致股东和管理层之间的利益冲突。可见，人们对公司治理中存在问题的认识由来已久，那么，如何解决这些问题，使经营者能够不负股东所托，使公司制度能够更好地发挥作用呢？Berle and Means（1932）提出了“监督”的必要性。此后人们又就“监督”问题展开过大量的理论和实证研究，普遍认为良好的监督机制是公司治理的核心。

我国目前的公司治理机制中缺乏有效的监督机制。本来应该起监督作用的监事会在我国的公司治理结构中反而成了管理层和董事会的附属机构，这已经成了不争的事实。这种状况根源于我国特殊的股权结构，大多由国有企业转换而来的上市股份制有限公司中，国有股、国有法人股“一股独大”，而且国有股份长期不允许转让和流通，造成了大股东在公司治理当中不可动摇的垄断地位。在这样的情况下，监督机制形同虚设，监督机构甚至沦为附庸。由于监督

机制这一公司治理中的重要一环的缺失，加上我国上市公司特殊的股权结构，更加导致内部人控制现象突出，上市公司在内部人（大股东和管理层）操纵下屡屡出现“圈钱”现象、财务欺诈现象、违规关联交易现象、侵害小股东利益现象，在一定程度上引发了投资者对上市公司的信任危机，也导致我国证券市场资金配置功能丧失了效率。正是在这样的背景下，中国内地开始在公司治理中逐步引进独立董事制度。

中国证监会在 2001 年 8 月发布了《关于在上市公司建立独立董事制度的指导意见》，要求境内的上市公司建立独立董事制度。可以说这是中国关于在上市公司设立独立董事的首部规范性文件。它的出台标志着中国上市公司正式全面引入独立董事制度。按照中国证监会的要求，境内上市公司应该在 2002 年 6 月 30 日前聘任两名以上独立董事，在 2003 年 6 月 30 日前董事会中应该聘任三分之一以上的独立董事。另外，在中国证监会和国家经贸委联合推出的《上市公司治理准则》中又对独立董事的任职条件和任职资格作了进一步的说明。为了进一步推进独立董事制度的实施，中国证监会又于 2003 年 9 月颁布了《关于进一步规范股票首次发行上市有关工作的通知》，规定公司在股票首次发行上市时，董事会成员至少包括三分之一的独立董事；在再融资审核中，独立董事配备情况成为主要审核内容之一。依据中国证监会的部署，各个上市公司纷纷修改公司章程，开展了一场独立董事普及工作。截至 2003 年 6 月底，在深、沪两交易所 1250 家上市公司中，有 1244 家上市公司配备了独立董事，独立董事总人数达到 3839 名，平均每家公司达到 3 名以上。在配有独立董事的 1244 家上市公司中，独立董事占董事会成员三分之一以上的有 800 家，占总数的 65%；独立董事占董事会成员四分之一以上的公司有 1023 家，占总数的 82%。可以说，从形式上来看，大多数上市公司已按要求配备了独立董事，独立董事制度已基本得到执行。

但独立董事制度在我国的实施情况并不理想。虽然独立董事制度的建立，在一定程度上提升了上市公司的决策水平和能力，但是从独立董事的监督功能执行情况来看，独立董事大多数由大股东推选，缺乏对大股东和内部人进行有效约束的机制。据首份中国独立董事生存状况调查报告[①] 显示：63%的独立董

① 李彬、童颖. 中国独立董事生存现状调查报告. 上海证券报，2004 年 5 月 27 日。

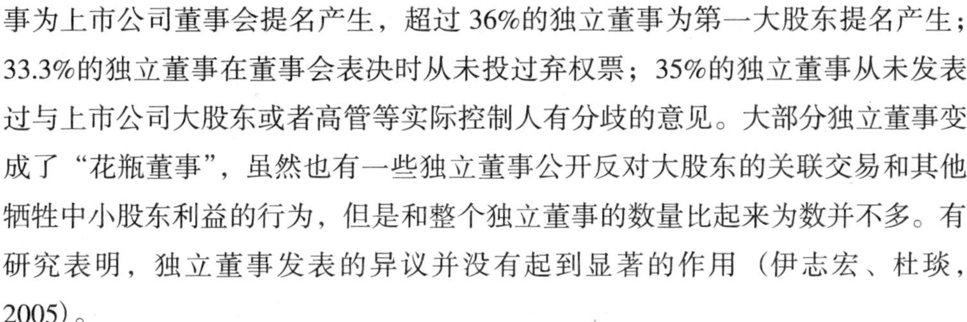

事为上市公司董事会提名产生，超过36%的独立董事为第一大股东提名产生；33.3%的独立董事在董事会表决时从未投过弃权票；35%的独立董事从未发表过与上市公司大股东或者高管等实际控制人有分歧的意见。大部分独立董事变成了“花瓶董事”，虽然也有一些独立董事公开反对大股东的关联交易和其他牺牲中小股东利益的行为，但是和整个独立董事的数量比起来为数并不多。有研究表明，独立董事发表的异议并没有起到显著的作用（伊志宏、杜琰，2005）。

独立董事制度作用发挥并不理想的原因之一，在于我国目前的制度环境下并不存在促使独立董事履行监督职责的有效激励机制。从我国独立董事制度本身的内在逻辑来看，独立董事是由大股东推荐并以简单多数的选举办法由股东大会选举产生的，因而与大股东有着良好的关系，没有动力去监督大股东的经营行为。事实上，在西方国家也存在类似问题，即由管理层推荐或影响而产生的独立董事可能会没有动力监督管理层的问题；他们解决这个问题的方法是依靠一个高度发育的外部声誉市场，独立董事受到这个声誉市场的高度约束，为了维护自身的专家声誉，即使支付的报酬很少，外部独立董事也不会与管理层合谋（Fama，1980）。西方国家的独立董事市场通常建立在声誉机制（Reputation Effect）的基础之上，一般而言，独立董事往往视声誉为生命，非常重视自己可追踪的记录，因为可以依靠自己的声誉获得报酬丰厚的咨询契约，“声誉资本”的重要性成为独立董事在公司出现明显问题时采取矫正措施的无穷动力。Gilson（1990）、李惠眉（2000）、Harford（2003）和Yermack（2004）等均发现，独立董事在公司的工作能力得到承认与赞同，无疑会对其声誉产生重大影响，卸任以后在独立董事市场，自然得到更多更好的工作机会。马金城（2002）研究发现，独立董事越关心自己在独立董事市场的声誉，其对公司内部管理者的监督就越积极。

但是即使西方国家对独立董事的激励也存在不足的情况（William and Brown，1996），其原因可能是独立董事市场在一定的情况下有可能失去其有效甄别和选聘独立董事的功能。当表现好的独立董事建立的良好声誉不能够被市场合理地反映出来，建立在声誉基础上的独立董事激励机制也就可能失去效力。我国独立董事制度并没有显著改善公司治理的原因，很可能就是因为缺乏有效的独立董事市场的制衡和制约机制。然而，目前学术界对于我国独立董事声誉激励和独立董事市场的研究并未引起应有的重视，相关的研究非常少见。有鉴于此，本书试图通过独立董事声誉激励理论框架的构建和理论假设的检验，对我国的独立董事声誉激励和独立董事市场进行一个比较系统的、全面的和具有说服力的分析。

第二节　研究内容与研究框架

本书在梳理、分析国内外有关独立董事问题的文献之后，对于我国的独立董事激励的现状和独立董事市场的有效性进行了探讨，主要从以下三个方面进行研究。

（1）独立董事声誉激励对于上市公司关联交易的影响。《关于在上市公司建立独立董事制度的指导意见》赋予独立董事的六大特别职权中，第一项也是最重要的一项便是重大关联交易审查权。独立董事对于关联交易的抑制作用可以体现独立董事对于改善公司治理所发挥的作用。因此本书首先通过研究独立董事的薪酬激励、声誉激励以及独立董事的绝对数量、相对数量等因素对上市公司关联交易规模的影响，考察独立董事的声誉激励机制在独立董事监管关联交易中发挥的作用，以验证我国独立董事是否得到了有效的声誉激励。

（2）独立董事的声誉激励对于独立董事辞职的影响。以往的文献研究表明，独立董事辞职的目的往往是为了回避可能承担的风险（唐清泉，2007），在公司可能出现危机的情况下，大多数董事倾向于选择辞职来保护自己的声誉，而不是去挑战公司的管理层（Mace，1971）。因此，独立董事辞职行为往往也是受到声誉激励的表现。本书通过研究独立董事辞职的影响因素，考察声誉激励对于独立董事辞职选择的作用和影响。

（3）独立董事市场的有效性。独立董事声誉机制的存在有赖于有效的独立董事市场为优秀的独立董事提供显著的声誉回报。为了进一步验证前两部分的实证研究结果，本书通过直接考察独立董事劳动力市场的运作机制和有效性，揭示影响我国独立董事声誉激励机制形成和发展的深层原因。

本书的研究框架如图 1-1 所示。

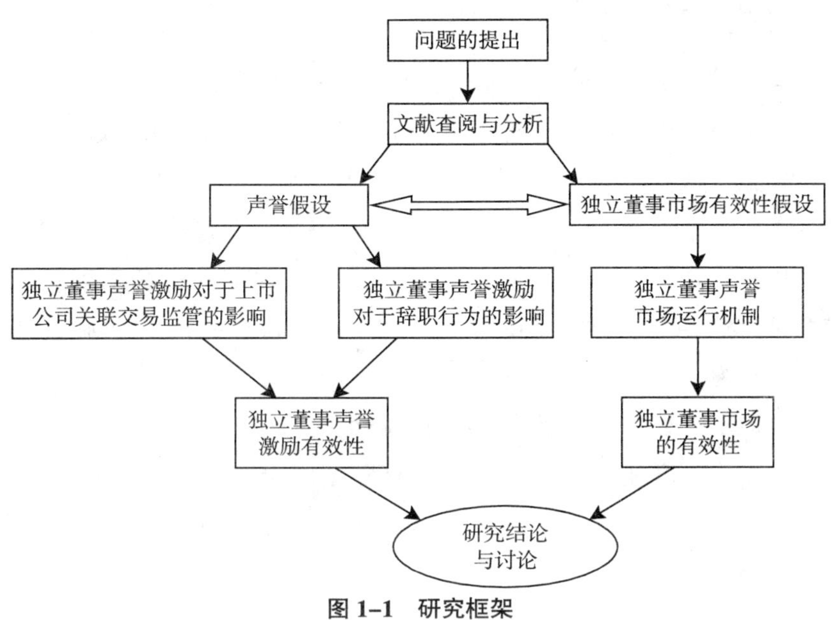

图 1–1 研究框架

图 1–2 展示了本书的理论逻辑结构。在独立董事发现公司治理中存在的问题的时候，声誉激励可能会促使独立董事采取一定的行动。Hirschman（1970）指出，在企业面临困境或出现重大问题等风险时，各利益相关者可能作出三种反应：退出（exit）、积极行动（voice）以及保持原有的忠诚（loyalty）即不采取行动。因此，在意识到公司治理中存在问题时，独立董事可能采取两种行动。第一种是“加强监管”以降低风险。当独立董事采取监管行动的时候，其结果可能会提高公司治理的水平和降低关联交易的规模，因此本书通过考察独立董事声誉激励与关联交易之间的关系，以反映在对关联交易的监管过程中独立董事是否受到了声誉激励。这一部分的研究目的是通过考察独立董事可能采取的第一种行动即“加强监管”来检验独立董事的“声誉假设”是否成立。独立董事可能采取的第二种行动是“辞职”以保全自己的声誉。因此，本书通过考察声誉激励对于独立董事辞职选择的影响，检验在独立董事作出是否辞职的

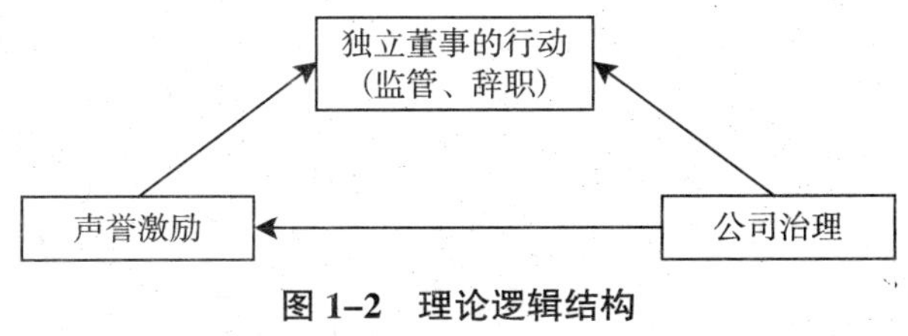

图 1–2 理论逻辑结构

选择时，“声誉假设”是否成立。

声誉激励并不是单方面地通过独立董事行为影响着公司治理，公司治理的水平和特点反过来也会影响独立董事受到的声誉激励。以大股东控制为特点的公司治理机制，决定了独立董事的选聘可能会受到大股东的“选择”的影响，从而造成董事会结构的内生性，使得独立董事市场失去有效性，独立董事得到的声誉激励程度降低。因此，本书通过直接考察独立董事市场的运行机制，揭示我国独立董事声誉激励现状的形成原因，并对“独立董事市场的有效性假设”进行了检验。

图 1–2 展示了独立董事声誉激励在逻辑上的循环特点和所面临的矛盾，一方面，独立董事制度理论本身寄希望于声誉激励能够通过影响独立董事的行为提高公司治理的水平；另一方面，独立董事声誉激励本身也受到公司治理的影响，因而可能失去原有的效力。本书正是在这一逻辑框架的基础上进行了一定的探索性研究和尝试。

第三节 研究方法

本书所研究的独立董事声誉激励问题，目前国内同类的研究比较少见，还没有形成有效的研究方法；国外的研究者主要是使用独立董事所拥有的职位数量来衡量独立董事的声誉水平（Fama and Jensen（1983）、Steven N. Kaplan and David Reishus（1990）、Gilson（1990）、李惠眉（2000）、Harford（2003）、Yermack（2004）、Srinivasan（2005）、Helland（2006）等）。由于职位的数量代表了独立董事在劳动力市场上的受欢迎程度，因而本书中采用了独立董事拥有的职位数量这一指标来反映独立董事所得到的市场声誉。同时，本书还通过考察独立董事对于风险的敏感程度、独立董事是否对董事会决议公开发表异议等数据，衡量独立董事受到声誉激励的程度。独立董事的声誉可能不一定反映在拥有的职位数量上，还很可能反映在独立董事个人良好的公众形象，甚至是独立董事个人的道德满足上。但是这些声誉由于无法用市场的指标来衡量，因此暂时难以定量研究。本书考察范围内的独立董事声誉与声誉激励的主要衡量指标可以用表 1-1 作为总结。

表 1-1 独立董事声誉与声誉激励的主要衡量指标

衡量指标	指标含义	指标与本书研究目的之间的关系	是否可以量化
独立董事得到的聘任机会（职位数量）	该指标为独立董事声誉的衡量指标，用于衡量独立董事在外部劳动力市场上的声誉	如果独立董事得到的聘任机会能够有效地反映独立董事工作的努力程度，则可以认为独立董事受到了声誉激励	可以量化
独立董事对于公司风险的敏感程度	该指标为独立董事声誉激励的衡量指标，在控制其他干扰因素的情况下，该指标反映了独立董事对于声誉的关心和重视程度	如果独立董事对于风险的敏感度高，说明其更加重视自身声誉，即独立董事受到了声誉激励	可以量化
独立董事的个人社会形象或社会声望	该指标是指社会公众形成的对独立董事个人形象的集体评价，可以衡量独立董事的声誉	如果努力工作可以使独立董事的社会形象更好，则可以认为独立董事能够受到声誉的激励	暂时无法量化

本书采用文献研究的方法从理论上分析独立董事声誉激励和独立董事市场有效性的理论基础，提出有关我国独立董事声誉激励有效性和独立董事市场有效性的理论假设，并采用建立实证模型的方法使用 SPSS、EVIEWS 等统计软件进行了验证，运用描述性统计、独立样本 t 检验、多变量回归模型、二元 logistic 回归模型等检验方法对数据样本进行了统计检验。

第四节 可能的创新

本书可能的创新主要有：

（1）对我国的独立董事声誉激励进行了尝试性的定量研究。本书借鉴国内外理论文献中对于独立董事声誉激励的衡量和研究方法，结合我国上市公司治理的特征，对我国独立董事受到的声誉激励状况及其制度成因提出了合理的理论假设并进行了验证。在一定程度上揭示了我国独立董事激励不足、独立董事制度尚未充分发挥作用的原因。

（2）从独立董事声誉激励机制的角度对我国独立董事抑制关联交易的效果进行了实证研究，突破了以往国内大多数文献仅从独立董事的绝对数量和相对数量来衡量独立董事制度有效性的研究方法，从激励的视角重新审视独立董事

制度发挥作用的深层机制原理，发现声誉机制并没有有效地激励我国的独立董事更好地监管上市公司的关联交易行为。

（3）从独立董事声誉激励的角度对独立董事的辞职行为进行了研究，将上市公司的风险分为不同的类型，将不同类型的风险对独立董事辞职选择的影响视为独立董事声誉激励水平的标志。发现声誉激励并不能够使独立董事对于各种类型的风险都予以关注，只能够让他们对最具有公开性和迫切性的事项风险具有较高的辞职敏感度。

（4）从独立董事声誉激励的角度对独立董事市场的有效性进行了一定的研究，指出独立董事市场只能够对已经被监管机构和公众认定为失职的独立董事加以识别和处罚，并不能够给予真正在监管工作中表现出色的独立董事以声誉的奖励，因此我国的独立董事市场没有为我国的独立董事履行职责提供足够有效的声誉激励。

第五节　结构安排

本书第二章通过对国内外文献的回顾，发现独立董事的声誉激励是推动独立董事制度有效运行的关键机制。以往的理论和实证研究表明：一个有效的独立董事市场能够为独立董事提供足够的声誉激励，受到市场激励的独立董事有动力维护自己的专家声誉，以提高自身的人力资本。但是公司内部人所控制的独立董事选聘机制有可能改变独立董事市场的有效性。第三章分析了我国上市公司独立董事激励机制发挥作用的制度背景和我国独立董事激励的现状，指出在大股东控制上市公司治理的情况下，我国独立董事的主要职能是监督大股东、保护中小股东的利益，然而独立董事市场有效性的缺失可能使得独立董事受到的声誉激励扭曲而无法发挥应有的作用。第四章通过建立独立董事与股东之间的委托代理模型，对独立董事的声誉激励决定机制进行了理论分析。第五章通过实证研究的方法考察了独立董事激励机制对上市公司关联交易的影响，发现独立董事并没有得到有效的市场声誉激励去抑制上市公司的关联交易，我国目前的独立董事固定薪酬对于关联交易的监管也没有显著的激励效果。第六

章分析了独立董事辞职选择的影响因素，得出的结论是独立董事辞职行为受到了声誉激励的影响，但是对自身声誉的关注只会促使独立董事关注和规避上市公司的重大事项风险，而对于潜在的财务风险可能带来的声誉损失并不敏感，说明声誉激励对独立董事辞职选择的影响力是有限的。第七章对独立董事市场的有效性进行了直接的检验，结果发现我国的独立董事市场能够识别独立董事显著的失职表现（如上市公司或独立董事个人受到处罚），但是不能识别努力工作的独立董事并给以奖励，从而解释了为什么独立董事声誉激励机制在遏制企业关联交易中不能够发生作用，而在独立董事的辞职选择中却能够起到一定作用的原因。第八章对本书的研究成果作了总结，对可能的研究改进进行了展望，最后说明了本研究的局限性。

第二章　独立董事相关文献综述

第一节　基本概念和理论

一、独立董事的概念和起源

“独立董事”一词源于美国的“Independent Directors”，最早是从20世纪三四十年代的非雇员董事（Non-employment Directors）和所谓的无利害关系董事（Disinterested Directors）发展而来的。英、美公司法传统上一直强调股东自治，因此一直以来规定股东会和董事会为公司的法定代表机构。但到了20世纪中期，人们开始注意到股权过度分散导致的内部人控制、董事会失灵等问题，因此，美国证监会在1934年颁布的《证券交易法》中对“非雇员董事”的含义做了规定和说明，并建议公众股份公司设立非雇员董事。1940年美国证券交易委员会颁布的《投资公司法》则阐述了“无利害关系董事”的概念。两者均被赋予监督和审查管理层的权利和义务。虽然从语义和内涵上看，两者与“独立董事”尚有一定的差距，但是已经体现出独立于管理层、监督管理层的理念，成为“独立董事”这一概念的起源。到了20世纪六七十年代，随着公司巨型化的发展趋势加快，内部人控制现象日益严重，美国理论界和实践界试图通过加强公司董事会的外部性来达到对公司管理层的有效监督。因此，人们把董事会成员通常分为“内部董事”（Inside Directors）和“外部董事”（Outside Directors）两种。这样更为看重董事的“外部性”而不是“独立性”，当时人们更多地使用的是“外部董事”而不是“独立董事”一词。直到20世纪90年代，在美国正式提出公司治理问题，并极力推进公司董事会的改革后，对董事会的构成提出了更高要求，董事会的独立性也日渐增强，原先的“外部董事”被进一步细化，“独立董事”的概念才正式确立。

值得注意的是，“独立董事”虽然来源于“外部董事”，但其含义不完全相同。“外部董事”是相对于“内部董事”而言的，内部董事是那些同时在公司或公司股东单位担任执行职务的董事，如在公司经理层担任执行职务的董事、现任或离任的股东单位高级管理人员等；而外部董事是指除此以外的其他董事，包括外部独立董事和外部非独立董事。外部非独立董事是指不在公司和股东单位担任执行职务而又与公司有一定业务联系的董事，如公司的法律顾问、代理商、客户、债权银行代表以及为公司提供管理和财务咨询的财务管理专家等。可见，外部董事包括了独立董事，独立董事只是外部董事的一部分。

独立董事的概念，迄今为止尚没有一个统一、权威的描述。在研究独立董事的国内外文献中，比较主流的观点是这样定义独立董事的：独立董事（Independent directors）是指排除执行董事（Executive Directors）、关联董事（Affiliated Directors）、灰色董事（Gray Directors）外的董事会成员（Mark and Li，2001）；也即独立于公司管理层，不存在与公司有任何可能严重影响其作出独立判断的交易和关系的非全日制工作的董事（邵少敏、吴沧澜、林伟，2004a）。这里的执行董事是指既是公司的高级管理人员，又是公司董事会成员的董事。关联董事是指与CEO或执行董事有亲戚关系的人、前任总裁、担任关联企业董事的董事。灰色董事是指其和雇主公司有大的交易的董事。之所以要将独立董事和这几类董事分别开来，是因为他们和公司之间的关系足以使得人们有理由对他们作出的判断的独立性提出质疑（Hermalin and Weisbach，1988）。

对于独立董事及与其类似的常用概念，其相互之间的关系可以图2-1表示。

在我国证监会颁布的《关于在上市公司建立独立董事制度的指导意见》，对于独立董事的定义是：上市公司独立董事是指不在公司担任除董事外的其他职务，并与其所受聘的上市公司及其主要股东不存在可能妨碍其进行独立客观判断的关系的董事。[①] 同时，《关于在上市公司建立独立董事制度的指导意见》进一

① 中国证监会：《关于在上市公司建立独立董事制度的指导意见》，证监发（2001）102号。

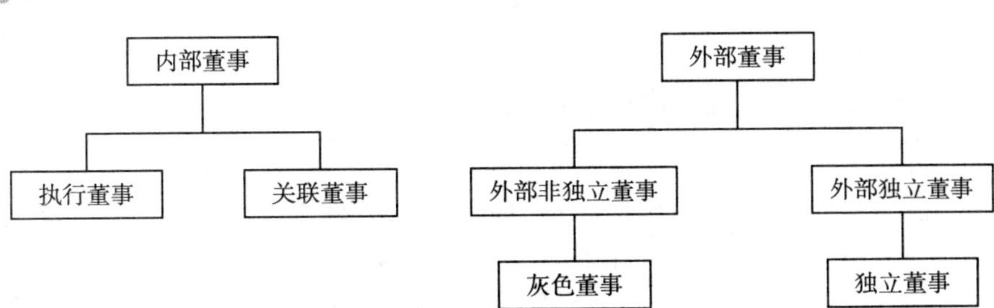

图 2-1　独立董事及类似概念之间的关系

步规定下列人员不得担任独立董事：

（1）在上市公司或者其附属企业任职的人员及其直系亲属、主要社会关系（直系亲属是指配偶、父母、子女等；主要社会关系是指兄弟姐妹、岳父母、儿媳女婿、兄弟姐妹的配偶、配偶的兄弟姐妹等）。

（2）直接或间接持有上市公司已发行股份 1%以上或者是上市公司前十名股东中的自然人股东及其直系亲属。

（3）在直接或间接持有上市公司已发行股份 5%以上的股东单位或者在上市公司前五名股东单位任职的人员及其直系亲属。

（4）最近一年内曾经具有前三项所列举情形的人员。

（5）为上市公司或其附属企业提供财务、法律、咨询等服务的人员。

（6）公司章程规定的其他人员。

（7）中国证监会认定的其他人员。

可见，独立董事这一概念虽然没有统一和权威的定义，但是“独立董事”应该具有以下内涵：首先，独立董事应该是董事会的一名成员；其次，独立董事不能在公司或其关联单位担任除董事以外的任何职务，或者与公司或其关联企业的任职人员有直系亲属或主要社会关系；再次，独立董事必须有鲜明的独立性，即独立董事与其任职的公司之间不能存在任何有可能影响到其进行独立判断的关系，包括独立董事与公司之间存在业务关系。其中，第一个条件是明确独立董事属于董事的属种，第二个条件排除了执行董事和关联董事，第三个条件排除了灰色董事，强调了独立董事的独立性特征。

二、委托代理理论与独立董事产生的理论基础

独立董事产生的理论基础可以追溯到委托-代理制度。早期对股份公司所有权和控制权分离带来的公司治理问题的论述可见于 Adam Smith（1776）、Berle and Means（1932）等学者的文献中。但即使是 Berle 和 Means 也只是模糊地觉察到了股份公司中存在的委托-代理问题，没有对所有权和控制权的分离做出深入的理论探讨。20 世纪 60 年代之后随着新制度经济学的发展、企业所有权理论的发展，对于股份公司中所有权和控制权相分离的认识逐渐明朗。Jensen and Meckling（1976）用一个模型说明了一个拥有 100%股权的管理者——所有者将其一部分股权转让后，随着管理者-所有者股权份额的减少，他将会增加非金钱收益消费，以谋求福利的最大化。同时由于证券市场的特征是理性预期，投资者购买管理者-所有者转让股份时会预期到管理者-所有者的反应，因此投资者只愿意支付出让部分的比例乘上管理者-所有者行为发生变化所引起的他对企业的预期价值的价格（这个价格低于当管理者拥有 100%股权时的价格）。投资者和管理者-所有者相互作用的结果是企业的总价值下降，下降部分就是由于代理关系引起的企业市场价值的损失。上述情况是在管理者-所有者没有受到任何监督和约束的情况下发生的。投资者发现如果采取一定的监督，就能够减少管理者-所有者占用数额巨大的公司资源。这使得管理者-所有者的非金钱消费减少，企业的价值增加足以补偿监督的支出水平。这个监督成本是由所有者们共同承担的，是代理成本的一种。Jensen and Meckling（1976）的模型说明了随着企业股份的分散，企业价值下降导致代理成本是必然的。同时，引入监督是十分必要的，能够减少企业价值的下降。但他们没有说明为什么现代股份公司的股份变得十分分散以及如何有效地约束管理者。Fama（1980）的研究弥补了这一不足，Fama 指出，对任何一个投资者来说，最优的证券组合是对许多企业的证券进行分散投资，这样能避免财富过多地依赖于某一个企业的风险。由于投资者在证券上的分散投资，他们对亲自监督任何一个企业的活动细节没有兴趣，所以风险承受的有效配置意味着证券所有权与企业控制权的大幅度分离。因此，公司的管理者取得了对资产管理和使用的权利，拥有了对资产的剩余控制权，从而可以侵蚀所有者的剩余索取权。

从风险规避的角度，Fama 合理地解释了现代股份公司股权日益分散的事实以及现在股份公司形成内部人控制现象的原因。

在 Jensen 之后，研究企业所有权与控制权相分离问题的学者，基本上都继承和延续了 Jensen 的分析框架，对委托-代理契约的各种影响因素进行了深入分析。主流观点认为，委托-代理问题以及代理成本的出现来源于委托人与代理人之间的信息不完备和不对称，而这种不完备的信息导致双方无法签订完全契约，同时信息不对称迫使委托人向代理人支付租金（或进行转移支付），这些使得双方无法实现最优契约，最终选择次优契约均衡点（甚至是无效率契约均衡）。根据传统代理理论，股东并不能直接观察和判断经理人的努力程度和真实水平，这时所导致的双方信息差距就严重影响了契约均衡点的形成。因此，解决这一问题的思路之一，就是通过内部控制机制的监督，股东通过观察来获取经理人的信息。

股东依赖一种内部控制机制来获取信息，而寻找经理人员的信息的工具就是公司董事会与外部董事。由于在分散股权结构下，股东仅作为出资人不可能经常参与公司的经营活动和对经理人进行监督，所以股东将自身的权利赋予一个公司常设机构——董事会来代理他们对经理的经营活动进行监督，从而降低股东与经理人之间的信息不对称。因此，董事会在一些公司治理文献中被认为是公司治理机制的核心。从理论上而言，董事如同股东的眼睛一样对经理人的信息加以判别，并对其行动加以约束和控制，从而减少逆向选择问题和道德风险。在早期的研究中，董事会被刻画为与股东利益一致的负责任的监督者，研究者把董事会作为整体，未对董事会的成员的不同性质做进一步的区分。但是，研究者逐渐发现，虽然董事会在决策控制的过程中扮演了重要的角色，但董事会不是决策控制的最有效机构，有时管理者会控制董事会，而且这种情况在 CEO 和董事会主席集于一人时更为严重，也就是说，管理者作为决策经营者和董事会作为决策控制者可能会合谋。一般认为，有两个原因导致了董事会不能尽职：首先，事实上在股东与经理人员之间存在的信息不对称问题同样存在于股东与董事之间，董事很少拥有太多的公司股份，董事能否为股东利益着想很难得到保证；其次，在股权分散的情况下，往往经理人员对董事会成员的选举具有极强的影响力，董事会很容易被经理人员操纵。针对这种情况，Fama and Jensen（1983）提出，独立董事的介入会降低这种合谋的可能性。但前提

是他们假设存在一个有效的独立董事劳动力市场，这个市场十分关注独立董事的声誉，独立董事因而有很强的激励，不会和公司的管理者合谋，从而有效地降低管理者对剩余索取者权益的侵害。研究者指出了在董事会引入独立董事的重要性，以及独立董事在公司决策控制功能中的重要作用。

Fama and Jensen（1983）还深入地解释了企业所有权与控制权相分离的情况下，现代企业组织如何运作的问题。他们将公司的控制权分为决策经营权和决策控制权，其中决策经营即为决策提议和决策贯彻，决策控制即为决策认可和决策监督。他们认为在决策程序中，决策经营和决策控制的分离是重要的。当决策经营者不是主要的剩余索取者时，没有一套行之有效的决策控制程序，决策经营者就有可能偏离剩余索取者的利益。将决策经营和决策控制分离，可以保证某一代理人不对同一决策行使排他性的决策经营权和决策控制权。董事会作为进行低成本控制权内部转换的市场引致机制，在企业中承担了决策控制的角色，但董事会有时也会受到管理者的控制而与管理者合谋，这时引入独立董事就能够降低这种合谋的可能性。由于独立董事大多是各自领域的专家，有动机维护自身的专家声誉，因此独立董事不会与管理层合谋。独立董事的引入加强了董事会的活力，作为专职的调停人和监督人，有效地降低了管理者对剩余索取者的侵害。

由此可见，委托代理理论研究的发展指出了在董事会中引入独立董事的重要性，同时也指出了独立董事在公司决策控制中的重要作用。但是，独立董事在本质上也是剩余索取者的代理人，在独立董事与股东之间同样也存在代理成本。这个代理关系和代理成本在现有的文献中没有给出理论的阐述。特别值得注意的是，对于独立董事在公司治理中的作用的理论阐述隐含了一个重要的理论假设，即独立董事的外部劳动力市场是十分有效的，因此而产生的对于独立董事的声誉激励可以解决独立董事与股东之间的代理问题，使得独立董事即使在没有报酬的情况下也能够不与管理层合谋、尽心尽力维护股东的利益。这一假设对于独立董事制度存在的合理性有着十分重要的理论意义。假如这一假设不能够成立，那么独立董事与其他董事会成员之间并没有实质上的差别，将独立董事引入公司治理也就失去了意义，企业的代理问题也就无法通过 Fama and Jensen（1983）所描述的决策经营与决策控制相分离的治理方法得到有效地解决。因此，独立董事市场有效的假设具有十分重要的理论意义，然而现有的理论文献对于这方面的研究是很不充分的。

第二节　独立董事声誉假设与董事会结构内生性假设

Fama and Jensen（1983）在《所有权和控制权的分离》一文中最早提出了独立董事声誉的概念及其重要性。他们认为：大部分上市公司的独立董事都是其他公司或组织的主要决策者，他们的人力资本价值主要取决于他们在那些公司或组织作为内部决策者的表现，他们担当外部董事只是为了给那些公司和组织的内部和外部市场以这样的信号：①他们是决策专家；②他们理解决策控制权分散的重要性；③他们能够胜任这一决策控制系统。即使在直接支付给外部董事的报酬很少的情况下这一信号机制仍然能够起作用，这就是外部董事为什么要努力承担其职责的原因。如果公司的内部决策系统崩溃或者公司因此最后不得不被接管，那么作为外部董事的人力资本就会大大贬值。因此，他们提出一个理论假设，即“独立董事存在动机去发展自己作为决策控制专家的声誉”，这就是著名的“声誉假设”。Fama and Jensen（1983）认为，正是因为独立董事的声誉机制使得独立董事有动机去执行他们的决策控制的任务，从而降低了董事会与管理层合谋的可能性，使得企业的决策经营权和决策控制权有效地分离，现代的企业组织才得以生存。这一理论隐含地假设了独立董事的外部劳动力市场是十分有效的，这个市场十分关注独立董事的声誉，独立董事有很强的激励保持其声誉，从而不会和公司的管理者合谋（邵少敏等，2003）。对于这一点，Fama 也是持肯定态度，Fama（1980）提出，存在一个高度发育的支撑股份公司的外部声誉市场，独立董事受到这个声誉市场的高度约束。他们作为监督者和专业咨询人的绩效，通过外部声誉市场最终得到确认。与独立董事不同的是，内部执行董事的人力资源价值更多的是通过组织内的声誉市场得到确认的（William and Brown，1996）。

Fama and Jensen（1983）提出了独立董事“声誉假设”的理论，并且认为独立董事市场是有效的，但却并没有对它们加以证明，他们之后的多位国外学者对于独立董事市场的有效性以及独立董事“声誉假设”进行了验证。Steven

N. Kaplan and David Reishus（1990）的实证研究表明，在业绩表现差的公司任职的董事将被认为没有很好地履行管理公司的职责，因此不太容易再被聘任为其他公司的独立董事。

Gilson（1990）、李惠眉（2000）和 Harford（2003）研究了在并购重组背景下独立董事的声誉激励机制问题。Harford（2003）研究发现，所有的目标公司董事在被接管之后很难保住自己的董事职位；同时发现，外部董事未来能否获得董事职位取决于接管之前他们的表现，在公司表现差并拒绝接管要约的董事在董事劳动力市场上将终结自己的职业生涯，而接受接管要约的董事则不会。

这些实证研究为"声誉假设"提供了充足的证据，同时也说明美国独立董事的劳动力市场是有效的：如果一位独立董事很好地履行了作为决策控制专家的职责，那么市场会给予他较高的声誉，这种声誉报酬最终将以得到更多的独立董事职位这样的方式表现出来。对于独立董事个人而言，这种有效的声誉机制激励着独立董事更好地履行自己的职责，避免与管理层合谋，从而保证 Fama and Jensen（1983）所描述的企业内部决策系统的正常运行。

然而，现实生活中公司治理和独立董事的丑闻频频发生，例如美国的安然公司倒闭事件，使得"声誉假设"遭到不少研究者的质疑。有效的独立董事声誉激励存在并发生作用的前提是存在一个有效的独立董事市场，但是由于 CEO 与董事会之间存在博弈关系（Hermalin and Weisbach（2001），William and Brown（1996）），CEO 可能会介入独立董事的提名，导致董事会中独立董事数量的减少（Yermack（1996））。管理层运用自己的权力使得愿意与管理层合谋的独立董事进入董事会，这样就降低了独立董事市场对高素质独立董事和低素质独立董事的区别能力，使得独立董事的声誉激励机制部分失效。

由于董事会结构内生性的存在，Fama and Jensen（1983）提出的声誉假说可能不能够正确预测独立董事声誉激励对于独立董事的行动带来的影响，独立董事进行严格监管并建立自己的声誉不一定能够得到奖励，声誉激励不一定能够有效地激励独立董事认真地履行职责。一些研究者的实证研究也证实了这一观点。

另外，从声誉理论的角度，Holmstrom（1982）建立了代理人-声誉模型，直接证明了声誉可以作为显性激励契约的替代物，从而为声誉对企业经营者激励效应的研究开了先河。但是多年以后，Holmstrom（1993）又进一步提出，声

誉机制并不能解决所有的代理问题，同时，它还会带来新的代理问题。Holmstrom（1999）认为，“想”他人看到自己在做一件“正确”的事情，与自己真的在做正确的事情通常并不是一回事。所以，期望用声誉来激励独立董事，在实际运用中作用并不明显。

最后，即使“声誉假设”是有效的，也并不能保证独立董事一定能够有效地保护股东的利益。Jensen（1993）自己也承认，在很多情况下，公司的独立董事并没有很好地维护股东利益。Hermalin and Weisbach（2001）、William and Brown（1996）认为，在独立董事和公司CEO就公司的决策发生冲突时，独立董事往往不是采取公开的反对态度，为了表明自身不和管理者合谋的态度，独立董事往往选择主动辞职的方式“逃逸”董事会，即使一些独立董事公开反对管理层决策，也往往被迫以辞职告终。独立董事辞职行为同样是声誉激励作用的体现，然而，如果所有的独立董事在和管理层发生冲突的时候都采用“逃逸”的方式，那么声誉激励也难以保证独立董事有效地保护股东的利益。

国内对于独立董事声誉激励机制所作的实证研究并不多。简宇寅（2006）研究了独立董事任职选择的动机，发现独立董事“跳槽”时将选择声誉收益更高、知名度更高、隶属层次级别更高的公司任独立董事，因为在这些公司担任独立董事能够获得较高的“专家声誉”。从辞职和就任新独立董事的角度来看，我国独立董事受到声誉激励还是比较明显的。上市公司纷纷聘请经济学家或大学教授做独立董事，利用的就是其知识分子的道德声誉象征。

徐冬林（2005）研究指出，独立董事的独立性依赖于其声誉，而其声誉的高低，则依赖于其个人财产的多寡以及独立董事津贴在其总收入中所占的比例。在现实中，声誉的可观察性受到一定程度上的局限，相对而言，个人财产或个人收入较易于观察，且与声誉存在正相关关系。把个人财产（个人收入）作为考察变量，来观察独立董事的声誉，从而为透视个人的声誉提供依据，可以为选聘独立性强的人士担任独立董事提供参考。

总之，从Fama（1980）、Fama and Jensen（1983）以来的大量理论和实证研究表明，独立董事有动机维护自己的专家声誉，由此产生的声誉机制能够激励独立董事维护股东的利益。但是，声誉激励最终是通过独立董事市场的有效运作来给独立董事报酬的，也就是说，表现好的独立董事会在劳动力市场上拥有更高的声誉，从而会得到更多的聘任机会，在更多的公司任职并从中得到更

多的利益。虽然独立董事对于声誉的追求本身不一定是直接为了追求更多的独立董事职位，而可能是出于对社会道德的追求，例如，在现实生活中，我们不难理解有的独立董事为了维护自己在公众中的知名度和形象，而不与管理层合谋，但是这种知名度的提高和良好的社会形象也会带来更多的聘任机会，从而加强道德追求的力度。假如独立董事对于道义和良心的追求最终不能够得到独立董事劳动力市场的有效承认，那么“好人没有好报”就会导致“没有人愿意做好人”，从而削弱道德追求的力度。因此，“声誉假设”所描述的独立董事声誉激励机制是与有效的独立董事外部劳动力市场紧密联系在一起的。当独立董事的外部劳动力市场失效的时候，高素质的独立董事不能够得到更多的职位，那么这种声誉激励也就失去了效力。

第三节　独立董事薪酬激励与法律约束

一般认为，除了声誉激励以外，还有两种机制用于激励和约束独立董事，它们分别是薪酬激励和法律约束。其中，我国的独立董事的薪酬主要是以固定津贴的形式发放。虽然现实中人们希望这两种激励机制与声誉激励一样，能够有效地激励独立董事认真履行决策监督的职责，然而现有的理论和实证文献并没有提供证据，表明固定薪酬和法律约束能够有效地激励独立董事尽心尽力维护股东的利益。

一、独立董事的薪酬激励

传统上的薪酬激励来自于与企业业绩无关的固定津贴，以及会议津贴、委员会津贴和保险收入等，但近年来股票期权这种报酬方式被越来越多的公司运用。Perry（2000），Linn and Park（2003）指出，从 20 世纪 80 年代以来美国公司向独立董事发放股权薪酬一直呈上升趋势。美国董事协会公布了 1999~2000 年董事薪酬调查报告，大约三分之二的被调查公司采用了股票奖励和（或）期权的方法，董事薪酬中用股票形式支付的部分平均占 48%。有研究者发现在固定报酬和股权报酬两者的比重上，投资机会多的企业更倾向于用股权去激励独立董事；而投资机会少的企业对独立董事更多地使用固定报酬，这是因为投资机会多的企业风险大、收益也大，所以用股权激励独立董事可以取得更好的效果。

对于股权薪酬激励的效果，国外的研究者得出的结论也不尽相同，主要有两种看法。一种看法认为独立董事的薪酬的确能够对独立董事起到激励的作用，特别是给予独立董事以公司股权，使独立董事真正成为公司所有者的一分子，公司业绩好则独立董事也会得到利益，这样直接的利益激励能够缓解独立董事和股东之间的代理问题，使独立董事有动力全心全意地去为股东监督管理层，从而给公司带来效益。Anil Shivdasani（1993）研究发现，拥有更多股份和更多管理者职位的外部董事在企业面临对于股东有利的接管的谈判的时候表现得更好，因此所有权激励是独立董事的有效激励机制。Robert and Moon（2000）表明，更高的股权激励会使得独立董事更好地履行对管理层的监督义务并会激励独立董事运用自己的知识为公司提供更好的参考意见。Perry（2000）研究也表明，如果得到足够的薪酬激励，独立董事会更努力地工作。Yermack（2004）研究了 1994~1996 年间世界 500 强公司中 734 名外部董事在金钱报酬、保留职位和担任其他公司独立董事的机会等方面的收益，发现所有这些激励机制加在一起给独立董事带来的财富效应是：公司价值每增长 1000 美元，独立董事的财富增长 11 美分。虽然外部董事的财富对于公司价值的敏感性系数小于 CEO 的财富对于公司价值的敏感性系数，但是这还是意味着每当公司价值有一个标准差的变动，独立董事的财富将变动 285000 美元。其中，从金钱报酬和所有权收益中独立董事获得的激励占其所有激励的一半以上，其他激励主要来自因为公司运行良好而使得独立董事有可能从其他公司获得董事职位的机会。因此他认为，独立董事的激励主要来自于金钱报酬和所有权收益。持另一种看法的学者认为股权激励不能够促使独立董事努力工作。如 Nikos Vafeas（2000）发现，采用董事补偿计划的企业相比没有采用董事补偿计划的企业并没有取得明显更好的业绩效果。

我国独立董事的报酬形式主要为固定薪酬，从国内学者对于中国独立董事薪酬激励的理论研究来看，并没有发现我国上市公司支付的固定薪酬对于独立董事维护股东利益具有显著的激励作用。但从薪酬设计的角度来看，有研究者

认为固定薪酬更加适合我国的独立董事。谭劲松（2003a）指出，对独立董事实行必要的报酬激励是必要的，但是报酬激励有一个悖论，如果报酬给得少，不足以激励独立董事努力工作；如果报酬给得多，又会使独立董事不愿意放弃这份优厚的待遇而不愿对公司的事务发表反对意见。因此，他们认为，不管是怎样的激励和约束机制，"度"的把握最重要，中等程度的激励和约束是独立董事制度激励和约束机制最佳的"度"。此文还对股权激励的必要性进行了讨论，认为薪酬不应该与公司的业绩有关，因为无论公司业绩好坏，独立董事都要做大致相同的工作（如参加董事会议、对公司事务提出自己的意见等），更进一步说，公司业绩越不好，越需要独立董事努力工作。因此，对独立董事采用固定薪酬才比较合理。朱晓妹（2005）对于独立董事薪酬与独立性之间的这个理论矛盾从新的理论途径作出了解释。她认为，独立董事是社会独立的中介职位，就像会计师、审计师等社会中介职位一样，因此，应该根据其提供服务的质量提供薪酬，不能够靠减少独立董事的薪酬来保证其独立性，而是应该依靠法律法规和有效的市场竞争机制来保证其独立性。按照这样的理论解释，独立董事薪酬也不应该与企业业绩挂钩。谭劲松等（2003b）对我国上市公司独立董事薪酬进行了分析，提出薪酬的设计应该考虑的是薪酬在独立董事的收入中所占的比例，而不是只看薪酬的绝对数量本身；他们还发现，目前我国上市公司独立董事的薪酬不至于影响其独立性，但有可能存在独立董事激励不足的问题。

一些研究者对于我国独立董事薪酬设定的影响因素进行了研究。杜胜利、张杰（2004）研究发现，国内独立董事薪酬受到公司业绩、公司规模、第一大股东持股比例、独立董事工作时间和相对规模等因素的影响。夏冬林、朱松（2005）采用2001~2003年的数据分析影响独立董事薪酬的因素，研究结果表明，独立董事薪酬与其声誉、劳动付出正相关，但与公司风险的关系不明确；公司在制定独立董事薪酬时深受高管薪酬的制约；不同治理结构在独立董事报酬上也有明显表现，国有控股公司给予独立董事的薪酬相对于非国有控股公司来讲较低，但是国有控股公司第一大股东的持股比例与独立董事薪酬正相关，两类公司的第二大股东持股比例都与独立董事薪酬正相关，表明处于弱势地位的第二大股东对独立董事寄予厚望。总之，从薪酬角度看，独立董事并不是"无功受禄"，但是发挥作用的程度因治理结构不同而不同。

简宇寅（2006）发现，在独立董事进行任职选择的时候，薪酬是具有影响力和吸引力的。他发现上市公司支付给独立董事的年度薪酬与独立董事任职选择的概率显著正相关，其显著性水平为0.057。独立董事在“跳槽”时首先考虑了经济方面获得的收益，也就是说从独立董事“跳槽”的角度来看，薪酬激励对我国的独立董事是有明显的激励作用的。刘建民（2007）应用2002~2004年上市公司的数据进行实证研究发现，独立董事比例和报酬对关联交易规模没有抑制作用，他们认为独立董事报酬激励的作用并不显著。

综上所述，国外学者大多数是从股权激励的角度研究薪酬激励的作用的，认为股权激励能够使独立董事成为股东的一分子，因而能够部分地缓解独立董事与股东之间的代理问题，使独立董事有动力去提高公司的业绩和全体股东的收益。由于国外董事会大多数采取固定报酬和股权激励性报酬相结合的方式，因此少有研究者单纯地研究固定薪酬的激励作用。国内文献也没有为独立董事固定薪酬激励的有效性提供有力的证据，部分研究者发现薪酬激励的作用并不显著。

值得注意的是，独立董事的声誉激励与薪酬激励之间存在一定的联系。从某种程度上，独立董事的薪酬是由独立董事的声誉决定的；同时，如果独立董事的声誉最终反映在其获得的董事会职位数量上，那么声誉给独立董事带来的好处最终也是通过更多数量的薪酬来实现的。独立董事不会为了已经得到的固定薪酬而更努力地工作，因为无论他是否努力这份固定的薪酬数量并不会改变，但是他们会为了得到更高的声誉从而得到来自更多公司的固定薪酬而认真地履行决策监督的职能。

二、独立董事的法律约束

从理论上说，独立董事对于法律诉讼风险的规避也能够激励独立董事切实地履行其法律职责。由于我国的法律制度整体上远不如西方国家完善，因此有一种看法认为，国外的独立董事制度之所以运行得较好是因为其完善的法律制度对独立董事进行了有效的约束，独立董事必须按照法律规定来履行其受托责任，倘若独立董事不能在企业经营、管理和战略规划等方面履行职责，那么他们要对由此而造成的损失承担法律责任。相反，中国独立董事的立法相对于国外来说非常薄弱，正是因为缺乏这样严格的法律，所以独立董事才不能发挥理想的作用。但是，根据国外学者的研究，这种看法并不符合实际的情形。事实上，国外的独立董事也和中国的独立董事一样，很少受到法律带来的各种形式的制裁。

Brook、Rao（1994）和 Core（1997）等人的研究结果则表明，在一些企业的章程中，通常都有这样的规定：倘若独立董事没能履行其职责，则企业可以免除对他们的赔偿要求，这就通过免责条款弱化了法律约束作用，从而影响了独立董事的独立性。

Black（2001）研究指出，独立董事的核心法律责任在于四个方面：忠诚义务、注意义务、披露义务、当公司被接管时的特殊注意义务。忠诚义务是最重要的义务，其含义是指董事必须竭尽忠诚地为公司工作并诚实地履行职责，不能够有董事与公司利益相矛盾的“自我交易”行为。其理论基础是董事与公司间的信托关系。注意（谨慎）义务的内涵是董事须以一个合理的谨慎的人在相似的情形下所应表现的谨慎、勤勉和技能履行其职责，如果董事履行其职责时，没有尽到合理的谨慎，他应对公司承担赔偿责任。然而，因为商业决定往往必须冒一定的风险，完全回避风险的决定反而不一定是好的决定，难以断定一个商业决定是否不够谨慎，因此，在美国法的实践中，注意义务只是关于董事应该如何作为的一个期望，而不是董事如果没有达到这个标准时所要承担的责任，除非董事做出完全不理性的商业决定。披露义务是当信息的披露与否会影响股东的投票结果的时候，独立董事应该为股东提供完全透明的信息披露。在美国，允许公司以公司章程的形式，减免董事违反披露义务的责任。当公司被接管的时候特殊注意义务是为了防止董事在接管过程中获利，如抵制对股东有利的接管，对于董事没有“自我交易”的接管过程则不太细查。美国同样允许公司章程中对于董事的这一义务进行豁免，违反此义务的救济方式主要是在收购公司提起诉讼时，法院可以判决禁止目标公司采取某种抵制收购的策略。

Black（2004）对美国和其他六个国家，包括英国、加拿大、德国、法国、日本、澳大利亚的独立董事的法律风险进行了跨国别的法律比较。研究发现，虽然现在全世界范围内都认为独立董事在公司治理中起着关键的作用，针对独立董事的法律约束也很多，但是外部董事所面临的实际风险（即从自己的口袋里拿钱赔偿）是非常小的。虽然各国独立董事所面临的法律环境不尽相同，但

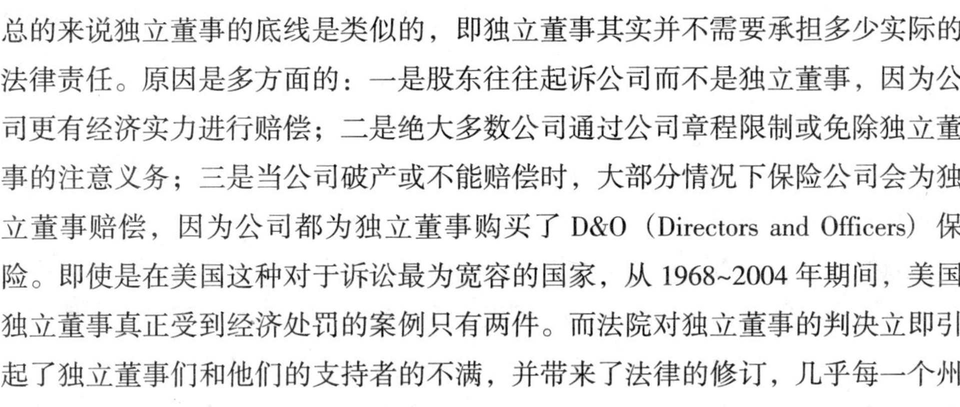

总的来说独立董事的底线是类似的，即独立董事其实并不需要承担多少实际的法律责任。原因是多方面的：一是股东往往起诉公司而不是独立董事，因为公司更有经济实力进行赔偿；二是绝大多数公司通过公司章程限制或免除独立董事的注意义务；三是当公司破产或不能赔偿时，大部分情况下保险公司会为独立董事赔偿，因为公司都为独立董事购买了 D&O（Directors and Officers）保险。即使是在美国这种对于诉讼最为宽容的国家，从 1968~2004 年期间，美国独立董事真正受到经济处罚的案例只有两件。而法院对独立董事的判决立即引起了独立董事们和他们的支持者的不满，并带来了法律的修订，几乎每一个州都很快制定了法律，规定独立董事只要没有故意的不正当行为都可以免除责任。①

在实践中，日本对独立董事的法律规制也有放松化的趋势。2001 年 6 月~2002 年 5 月，在美国发生了安然、世通、施乐等公司财务丑闻以后，在人们普遍要求强化对公司监管、加重对公司决策管理层惩处力度的呼声日益高涨的时候，日本却对公司法、商法作了较多的修改，其中的主要内容之一，不是加重公司董事、监事的法律责任，而是减轻了公司董事和监事的法律责任。这一做法值得我们深思。

可见，即使是在世界范围内，法制严格而完善的国家，也没有对独立董事进行严格的法律追究的制度；其原因是多方面的，但根本原因还是因为在复杂的商业世界里很难对独立董事的行为性质进行严格的判断，如果规定得过于死板，反而会使董事会不敢承担应有的商业风险，阻碍商业的发展。因此，独立董事这一公司治理制度，其产生和运作的理论基础主要是个人声望辅之以适当的经济激励；试图用法律制度去控制独立董事，就目前世界范围的经验来看，并不是一个有效的办法。

国内学者从法律角度研究独立董事制度的文献并不多见。熊金才（2006）从法理学的角度提出，中国从国外学习（移植）独立董事的法律制度以来，独立董事并没有起到与国外同样的良好作用，这种情况的出现和中国独特的制度背景和文化背景有不可分割的关系，中国法文化对中国移植独立董事制度起到了制约作用。他认为：①感性文化对独立董事制度移植的影响贯穿于独立董事

① 从 1968~2004 年发生在美国的独立董事经济赔偿案件只有三件：依据公司法一件（Van Gorkom，1985 年结案），由收购企业代为赔偿，独立董事没有承担实际赔偿责任；依据证券法两件，其中一件于 2002 年结案，由独立董事实际赔偿，另一件还在审理中。资料来源：Black，2004。

制度运行的各个环节。因为独立董事制度移植的决策本身就是基于决策者的感性直观判断而缺乏对中国国情的理性分析和实事求是的评价；同时，无论是执法、司法还是守法和法律监督体系，各相关主题都缺乏对独立董事独立性的认同。②集体主义观念制约着独立董事制度。③人治思想（包括重权力轻权利、重集权轻分权、重实体轻程序）制约着独立董事作用的发挥。

从我国独立董事的立法实践来看，我国现行独立董事制度实施的法律依据主要还是 2001 年中国证监会颁布的《关于在上市公司建立独立董事制度的指导意见》这一行政法规性质的文件。中国证监会在《指导意见》中只是规定授予独立董事一些特别职权，如重大关联交易提前认可、提议聘用或解聘会计师事务所、向董事会提议召开临时股东大会、提议召开董事会、独立聘请外部审计机构和咨询机构、公开征集投票权等，但并没有明确独立董事的具体职责。即使在这些独立董事享有的权利中，除了对关联交易的审核之外，其他五项职责都没有明确在什么情况下行使、如何行使；而对财务虚假、决策失误等应由独立董事承担责任的事项则根本没有规定。在我国 2005 年 10 月新修订的公司法中，只是在“上市公司的特别组织结构”一节中提到“上市公司设立独立董事，具体办法由国务院规定”。可见，我国在独立董事制度的立法上还处在起步摸索阶段，对于独立董事的法律和行政法规的完善还有相当长的过程。

第四节　独立董事与公司业绩

对于独立董事与公司业绩之间的关系，研究者们抱有不同的看法。第一种意见认为，独立董事制度与公司绩效正相关。Rosenstein and Wyatt（1990）对独立董事的任命与股价的关系进行了研究，结果显示，独立董事任命时，公司股价表现为明显的上升。Anup 和 Knoeber（1996）分析了具有政治关系的外部董事的作用，即通过他们，公司游说政策部门获取相关利益的能力增强了。Weibach（1988）指出，外部董事能以丰富的商业经验，运用技术和市场知识，参与重要战略的构建，帮助公司管理层解决经营问题；同时，以 CEO 为首的经理人员的升迁与公司业绩的正向相关关系，在外部董事多的公司要相对强的

多，原因是外部董事多的董事会其独立性要远强于内部董事多的董事会。因此，通过对经理人员的激励机制，外部董事能够有效促进公司业绩的提升。Barnhart and Rosenstein（1998）则通过对1990年标准普尔5000家中的3321家公司进行的回归分析，发现有微弱的证据说明，独立外部董事比例和公司业绩之间存在一种曲线的关系。Millstein and MacAvoy（1998）分析了154个美国大型上市公司后，发现20世纪90年代具有独立董事的公司运行得更好，与公司业绩存在明显的正相关关系。Hossain、Prevost and Rao（2001）考察了新西兰1993年《公司法》修改后独立董事设立对公司业绩的影响，其结论是独立董事对新西兰公司的业绩有积极影响。

第二种意见认为，独立董事与公司绩效负相关。Daily and Dalton（1993）所做的一项研究发现，那些绩效高的公司恰恰是独立性依赖较少的公司。David（1996）的研究发现，独立董事比例和托宾Q之间呈反比关系，而与其他业绩及量指标之间并没有什么相关关系。而Agrawal and Knoeber（1996）同样发现，外部董事制度与反映公司绩效的托宾Q具有负相关关系。Yermack（1996）实证检验发现，公司绩效与董事会规模呈显著的负相关关系，而董事会成员绝大多数是由独立董事所构成。他同时发现，独立董事与内部董事的比例变动与公司绩效之间并无明显的相关性。Ronald（1998）对单一经营业务的企业进行了研究，他的研究结果表明，董事会中独立董事所占的比例和一些财务业绩指标呈反比关系。

对于这一现象的解释，Donaldson and Davis（1994）认为，如果公司管理人员本身处于全员合作的状态之下，董事会则退居于辅助决策的角色，并致力于保证公司行权的连续性和战略的顺利实施。因此，新的独立监督方的进入会产生额外的董事行为差异，从而在需要迅速决策时，使协调的时间更长。当董事会行权的连续性遭到破坏时，独立董事的绩效后果就可能是负面的。Ford（1988）研究也发现，混合了独立董事的董事会在战略、预算、危机管理等方面比全部由执行董事组成的董事会差。

第三种意见认为，独立董事制度与公司绩效不相关。如Helmalin and Weibach（1998）指出，公司的业绩表现越糟糕，内部董事越容易离开公司，而外部董事的辞职与公司业绩没有关系。Laura（1996）对董事会构成与公司绩效的关系进行了比较，结果表明独立董事的比例与公司整体业绩之间没有相关关系，因而不能说明独立董事能提升公司业绩，改善治理水平。Sanjai and Black（1997）认为，没有证据表明独立董事占大多数的公司能够取得比其他公司更好的业绩，其原因是：①从董事会的构成比例上看，内部董事和独立董事应该是互补的。内部董事更了解企业的营运和管理，但目标容易和股东发生冲突，独立董事虽然独立性较强，但对企业内部的营运了解有限。应当充分发挥二者的互补优势，不要过分偏重独立董事，因为独立董事不能像内部董事那样擅长于制定公司的战略发展规划，因此很可能造成许多决策的错误。不同的公司也可能适应不同的董事会结构。②独立董事大多有其自身的业务要管理，没有足够的时间和精力来关心企业的业务发展，同时企业没有最大限度地调动独立董事的积极性来行使其职责，独立董事受到的激励较小。③现有的法律不能完全保证独立董事具有独立资格，独立董事不够独立，因此也不可能无所顾忌地发表自己对企业经营的看法。

我国学者在这方面也做了不少相关的研究。高明华、马守莉（2002）选取上海交易所和深圳交易所 2001 年中报中的有效样本 1081 个，对有独立董事的公司和无独立董事的公司的净资产收益率和每股收益进行独立样本的 T 检验，发现两组绩效指标无显著差异，得出的结论是：有独立董事的公司绩效和无独立董事的公司绩效无显著差异。同时他们还发现，独立董事比例与公司绩效也不存在显著正相关。胡勤勤、沈艺峰（2002）对深沪两地 41 家已建立独立外部董事制度的上市公司的经验分析表明，中国上市公司的经营业绩与独立外部董事之间存在不显著的相关关系，上市公司的经营业绩在很大程度上并不受独立外部董事的影响，现阶段上市公司的公司治理中独立外部董事制度对公司经营业绩的改善尚未能起到应有的作用。谭劲松等（2003）发现，独立董事人数与业绩有一个粗略的正相关关系，但独立董事比例与公司业绩这两者没有表现较好的相关关系。王跃堂等（2006）发现，独立董事比例和公司绩效显著正相关，这种相关性在控制内生性问题后仍然成立，并且发现当大股东缺乏制衡时，独立董事比例对公司绩效的促进作用会显著降低。他们同时发现，独立董事的声誉能够显著地促进公司绩效，而其行业专长、政治关系以及经济管理背景与公司绩效并无相关性。李洪、张德明（2006）通过建立灰色关联分析（GRA）模型，发现在影响独立董事参与公司治理的四个因素中，独立董事报酬是影响公司业绩最重要的因素，独立董事的工作时间因素次之，独立董事的

比例没有预想的那么重要，独立董事的职业背景因素对公司业绩的影响最弱。魏刚等（2007）研究发现，独立董事的教育背景对公司业绩没有正面影响，但有政府背景和银行背景的独立董事比例越高，公司经营业绩越好。

第五节　独立董事与管理层

因为独立董事是作为一种监督机制引入公司治理结构的，所以独立董事和管理层之间的关系，特别是独立董事与 CEO（首席执行官）之间的关系一直以来是独立董事制度研究的一个重点。Fama and Jensen（1983）的研究指出：外部董事有动机建立自己作为专家的声誉，执行权和控制权的分离使得外部董事有动机不与管理层勾结去滥用剩余控制权。即使在直接支付给外部董事的报酬很少的情况下这一信号机制仍然能够起作用，这就是外部董事为什么要努力承担其职责的原因。但是如果公司的内部决策系统崩溃或者公司因此最后不得不被接管，那么作为外部董事的人力资本就会大大贬值。他们的研究表明，独立董事能够有效地监督管理层去实现股东的最大利益。

Weisbach（1988）通过考察 1977~1980 年间在纽约股票交易市场上市的 495 家公众公司的董事会组成，在排除了行业、所有权和规模因素的影响之后，发现在外部董事占优势的公司里 CEO 的辞职与 CEO 以前的表现正相关，其相关程度远大于内部董事占优势的公司。他还发现，对董事通过解雇 CEO 而提升公司价值的公司而言，CEO 辞职当日股票市场的价格呈正方向变化。他认为这可以证明外部董事与内部董事的动机是不同的：外部董事更倾向于解雇不合格的 CEO，因为正如 Fama and Jensen（1983）所指出的，外部董事依靠他们的决策控制能力传达他们作为专家的人力资本的信号，而内部董事倾向于不解雇与他们本身的职业息息相关的 CEO 们。

Borokhovich，Parrino and Trapani（1996）使用了美国 1970~1988 年间 588 个最大的公众公司 969 次 CEO 更替这样一个样本，来研究外部董事与 CEO 任命之间的关系。他们认为，外部董事倾向于选择实力最强的人担任 CEO 而不管这个人是来自公司的内部还是外部，因为这样能够提高外部董事作为专家的

声誉。相反，内部董事倾向于从内部选拔新的CEO，究其原因，Hermalin and Weicbach（1988）研究认为，是因为内部董事本身就是公司内部取得CEO职位的主要人选。Helmich（1974）则认为这是因为内部选拔的CEO不太可能像外部选拔的CEO那样彻底地改变公司政策，而这些公司政策正是内部董事们参与创建起来的。Helmich and Brown（1972）则认为，这是因为内部的被任命者任职后会较少地更换高层管理人员。

Borokhovich，Parrino and Trapani（1996）的研究还指出，外部董事在董事会中所占的比例和CEO的更换频率显著正相关。无论前任CEO是主动辞职的还是被解雇的，外部人能够被任命为CEO的可能性与独立董事在董事会中所占的比例都呈现线性正相关。而来自股票市场的证据证明，外部人被任命为CEO可以为股东带来利益，但如果是内部人取代了被解雇的CEO则股东利益会受到损害。

以上研究表明，独立董事为了维护其专家的声誉，他们在CEO解雇和任命的过程中能够发挥一定的作用，维护小股东的利益。另一方面，也有不少研究表明，CEO也有可能对独立董事的选择和任命产生影响。Hermalin and Weisbach（1988）研究了CEO更替和企业业绩表现对董事会构成的影响，发现当CEO快要退休时，董事会中内部董事的数量会增加（这些内部董事可能是下一届CEO的人选）；当CEO更替之后，内部董事倾向于离开董事会（他们也许是没能当上CEO的候选人），而独立董事的数量会增加。关于独立董事人数增加的原因，一个解释是股东对于新的CEO不了解，为了防止严重的信息不对称现象出现，需要加强对CEO的监督，从而导致增选的独立董事进入董事会。同时，当企业业绩表现不好的时候，外部董事更有可能加入董事会，而内部董事更有可能离开董事会。

Hermalin and Weisbach（1998）建立了一个CEO与董事会其他成员之间的博弈模型，该模型预测，CEO与董事会其他成员之间的博弈能力将决定董事会的独立程度以及董事会的监督能力。他们提出，独立董事也是在公司治理的过程当中被选出来的，他有什么能力去监督公司治理过程本身呢？他们证明：只有在公司的业绩表现很差甚至面临危机的时候，才会被迫引进独立董事；独立董事任命新的经理人员，这时新的经理人员完全听命于董事，但随着公司经营情况逐渐好转，CEO逐渐不再受到董事的制约而变成企业的实际控制者。这时，董事的任免还要看 CEO 的脸色，而根本谈不上对其进行监督。因此，独立董事在公司治理过程中作用的发挥，取决于在公司所处的不同发展阶段上，权力在董事和经理人之间的转换。

也有学者研究了独立董事与 CEO 的任期问题。Arthur（2001）研究指出，CEO 的任期越长，持有的内部股份越多，他与其他董事包括独立董事的谈判能力就越强，而外部董事的表现则与 CEO 的谈判能力成反比。董事会主席的任命也是 CEO 与其他董事谈判的结果，谈判能力更强的 CEO 会控制董事会主席的位置。独立董事能够在一定程度上阻止公司形成内部人控制，从而能够保护股东的权益，因此应该增加独立董事的数量和比例。

第六节　独立董事与大股东控制

西方传统委托代理理论主要是针对美、英等国，特别是美国多数上市公司的实际提出的一种分析框架。美、英等国，特别是美国多数上市公司有一个显著的特征，就是股权分散，因而独立董事的设立主要是为了解决管理层与广大分散的中小股东之间的代理问题。然而，包括中国在内的许多国家和地区的多数上市公司的股权结构的主要特征不是股权分散，而是相对集中或高度集中。Faccio 和 Lang（2002）分析了 13 个西欧国家的 232 家公司，发现除英国和爱尔兰的公司中股权较为分散外，欧洲大陆国家的公司股权普遍较为集中。Claessens Djankow 和 Lang（2002）对 9 个东亚国家和地区的 2980 家上市公司进行了分析，发现除日本公司所有权相对集中外，其余东亚国家和地区中三分之二的公司都拥有单一控制性股东。Rajan（1992）、Weinstein 和 Yafeh（1994）、Franks 和 Mayer（1994）等从理论和实证两个方面说明了德、日等国上市公司大股东侵占中小股东利益的状况，证明了德、日等国的股权相对集中的上市公司明显存在着大股东与中小股东之间的利益冲突。中国绝大部分上市公司股权高度集中和国有股“一股独大”的现象是一个人人皆知的事实（冯根福（2001），冯根福、韩冰、闫冰（2002））。中国上市公司暴露出的大量问题，也说明控股股东或大股东恶意侵占中小股东利益问题相当严重（孙永祥（2002），

唐宗明、蒋位（2004））。由于包括中国在内的许多国家和地区的上市公司的股权结构的主要特征与美、英等国不同，不是股权分散，而是股权相对集中或高度集中，所以这就决定了这些国家和地区的上市公司治理所要解决的突出问题与美、英等国有着显著的差异，即不仅要解决全体股东与经营者之间的利益冲突，而且还要解决大股东与中小股东之间的矛盾。因此，在股权集中的国家引入独立董事制度，主要目的是为了对大股东进行监督，保护中小股东的利益。

我国学者对我国独立董事能否解决大股东与小股东之间的代理问题进行了一定的分析。这方面的研究分为定性研究和定量研究两个方面。大量的定性研究多从独立董事的制度设计的逻辑出发进行分析，认为我国尚不存在独立董事发挥有效监督作用的制度环境。如郭强、蒋东生（2003）认为，独立董事制度是否有效需要受到若干约束条件的制约，由契约合作关系中某一利益个体或利益集团（主要指大股东或经理人）选聘的独立董事的作用在逻辑上是无效的。于东智、王化成（2003）也认为，目前实行的独立董事制度并没有发挥真正的效用。阎达五、谭劲松（2003）认为，我国公司治理的外部市场不够完善、双层董事会结构、法律制度和以文化为主要内涵的非正式制度等现行制度环境并未给上市公司建立独立董事制度提供一个切实可行的基础和条件。

在定量研究方面，何问陶、王金全（2002）选取2000年已经设立独立董事的56家公司为研究对象进行实证分析，结果发现设立了独立董事的企业违规行为并没有显著减少，业绩改善也不明显，前期的独立董事制度效果并不理想，没有达到人们所期望的作用，并认为独立董事的来源结构问题是其不能发挥作用的重要原因。唐清泉、叶艳芬（2006）使用问卷调查的研究方法，发现在众多影响独立董事有效行使权力的因素中，现行法规和制度的完善是关键，影响独立董事独立性的关键因素不是报酬，而是独立董事的提名程序。王兵（2007）采用2002~2004年上市公司的数据进行实证研究发现，独立董事并不能提高公司盈余质量，独立董事津贴越高和兼职家数越多，越会对公司盈余质量造成负面影响。研究结论表明，我国独立董事还没有发挥监督作用。张庆（2006）通过小样本回归发现，独立董事制度对公司绩效的影响和对中小股东利益的保护主要受国有股权比重、独立董事行使权力的能力和意愿的影响，目前我国独立董事对中小股东利益保护的力度较差。

Chen 和 Jaggi（2000）研究了中国香港的独立董事和家族企业财务信息披

露之间的关系。在中国香港，由于股份公司制度变迁过程受制度环境和包括文化背景、社会习俗在内的非正式制度的影响，存在很多家族式企业，这在西方国家是不常见的。所谓家族企业，是指一个家族的成员掌握着一家公司很大比例的股份，在这种类型的公司，董事长和CEO通常是由这个家族的成员担任；同时，由家族成员担任的执行董事在董事会中的比例也相当高。由于血缘关系，管理层和董事会天然地接近，公司的内部人控制现象十分突出。Chen和Jaggi（2000）研究表明，独立董事介入有助于对家族企业管理层和董事会的监督，也有利于促进家族企业的财务透明度。但是他们的研究也表明，即使有独立董事的介入，家族企业的财务披露在质量和数量上也较非家族企业差。这其中固然有天然保密的文化、社会的作用，内部人控制也是一个很重要的原因。Chen和Jaggi指出，在这种情况下，独立董事的工作并不是十分有效的，存在着大股东对其他股东利益的侵害。

以上研究均对独立董事对大股东的监督的有效性持质疑的态度，也有研究发现，独立董事能够发挥一定的监督功能。如陈宏辉、贾生华（2002）采用公司治理效率这一指标来判断独立董事在公司中发挥作用的程度。公司治理效率是指公司董事会在治理时的决策效率，包括适用性和公正性两个方面：①适用性，即决策的可操作性，指董事会的决策是否适用于本公司的实际情况，在本公司内部能否顺利推行并产生实效。②公正性，指董事会的决策是否以其委托人即公司股东的利益最大化为目标进行决策。他们认为，随着董事会独立性（独立非执行董事人数的比例）的提高，董事的监督作用不断增强，董事会决策的公正性效率会提高，但因为独立董事不参与公司的日常经营管理，随着其人数比例的增加，董事会的信息不对称问题也将趋于严重，董事会决策的适用性效率会降低。在效率替代作用的影响下，董事会的独立性高低与董事会决策效率之间并不存在线性关系，而是倒U型关系。赵子夜（2007）通过考察微利公司非标准意见的说明，发现其涉及事项和独立董事关注的公司非正常治理结构明显重合。进一步的检验则揭示，独立董事比例的增加能够提升公司机会主义特征激发非标准审计意见的概率，聘入行业专家型的独立董事则有利于公司的营运能力激发标准的审计意见。结论表明，独立董事在规避渎职风险的过程中，通过充分披露信息来避免过高的机会主义阻止成本，和审计鉴证发生了协同效应。

第七节　独立董事与关联交易

根据 Shleifer and Vishny（1997）的研究，当股权集中到一定程度，使一个所有者能够有效控制公司时，代理问题就会从经理层与所有者之间的利益冲突转向控股股东与少数股东之间的利益冲突。其中关联交易正是这种利益冲突最常见的表现形式之一。虽然不是所有的关联交易都会侵害上市公司和中小股东的利益，一些文献认为关联交易具有一定的积极作用，如 Coarse（1937）认为内部交易可以减少交易成本，Chang and Hong（2000）认为内部交易可以提高公司绩效等，但是更多的文献认为关联交易会引起严重的代理问题和利润操纵问题。由于控股股东通常主导公司的经营，而且控股股东作为关联交易的主体与众多小股东之间存在着利益冲突，关联交易有可能转移公司资源，从而侵害中小股东的利益。Wolfenzon（1999）发现，控股股东常利用关联交易对中小股东进行剥夺。La Porta 等（2000）和 Johnson 等（2000）的案例研究表明，关联交易是控股股东掠夺小股东的常用手段。Claessens and Fan（2003）发现，控股股东操纵利润时常采取的手段是关联交易。余明桂、夏新平（2004）对中国上市公司 1999~2001 年的关联交易的实证检验结果发现：由控股股东控制的公司，其关联交易显著高于无控股股东控制的公司，控股股东担任高级管理者的公司，其关联交易显著高于控股股东不担任高级管理者的公司，控股股东持股比例和控股股东在董事会中的席位比例越高，关联交易越多，这意味着控股股东确实能够借助关联交易转移公司资源、侵占中小股东的利益。

针对关联交易严重损害中小股东利益的问题，人们普遍认为，独立董事在这一问题的解决之中可以发挥重要的作用。Weisbach（1988）通过对美国 367 家上市公司研究后发现，独立董事占董事会比例大于 60%的公司，独立董事在监管经营者业绩和大股东的关联交易上不遗余力。Peasnell（2000）发现，英国上市公司董事会中独立董事的比例越高，公司利润操纵的可能性越小。罗党论、唐清泉（2006）以 2001~2003 年间设立了独立董事并发生了关联方交易的上市公司为样本，发现我国独立董事制度在减少关联销售和关联采购方面达到

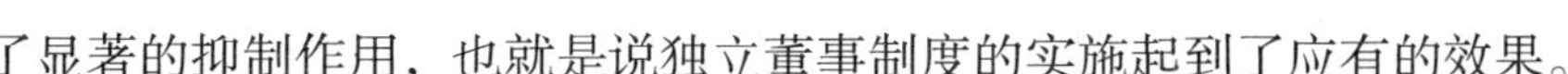

了显著的抑制作用，也就是说独立董事制度的实施起到了应有的效果。

第八节 独立董事辞职

虽然独立董事辞职的现象很普遍，但对此的相关研究并不多。Hermalin and Weibach（1988）研究发现，当大企业业绩恶化时，企业会发生独立董事更迭现象，企业会聘请独立董事以提高他们在董事会中的比例。唐清泉、罗党论、王莉（2006）借助前景理论对上市公司独立董事的辞职行为进行了研究，他们通过把发生独立董事辞职的公司和其他公司对比，发现独立董事辞职主要是基于自身对所任职上市公司的风险权衡。前景理论认为大多数人面临获利时是风险回避的，在面临损失时是风险偏好的，人们对于损失比获利更为敏感。由于独立董事本身有较高的社会地位和声誉，他们对风险可能造成的损失比获利更敏感，因此对于回避风险有很高的需求。他们发现，在财务风险中只有代表公司营运能力的营业周期变量对于独立董事的辞职选择发生了显著的影响，但财务状况和盈利能力则没有对辞职发生显著的影响；第一大股东变更、公司受到公开谴责和发生重大关联交易频率高的公司独立董事辞职的概率较高；股权集中度越低的公司独立董事辞职的概率越高；但董事会会议次数和独立董事的薪酬对于独立董事的辞职选择并没有什么影响。总的来说，他们发现上市公司的流动性风险、股权变更、股权集中度和重大关联事项会对独立董事辞职选择产生重大的影响。唐清泉、罗党论（2007）认为独立董事辞职的根本原因是为了避免可能承担的风险，尽管独立董事有普遍的风险回避特征，但由于任职动机和个人特征差异，导致独立董事对风险的感知力存在差异。当多方面的风险一起存在时，只有少数透明的风险信息，如公司营运风险、是否受到处罚等才能被不同背景的独立董事所感知并作出辞职选择，而相对缺乏透明度的信息或汇总信息，比如财务风险，由于难以被感知而容易被独立董事忽视。不同职业背景的独立董事对于不同风险的感知力存在显著差异，如何获得透明度高的信息是提高独立董事风险感知与判断力的关键。杜胜利、张杰（2005）以中国上市公司为样本，采用实证研究方法，在国内外首次以 EVA 表示公司业绩，

研究国内独立董事更迭的影响因素，发现独立董事更迭受公司业绩、诉讼仲裁事件和独立董事工作时间等因素影响。他们发现，企业前期业绩及长期价值创造能力差、诉讼、仲裁事件发生频率高、第一股东持股比例较低、董事会会议次数多的公司更容易发生独立董事更迭，而关联交易、独立董事薪酬、独立董事占董事会的比例等因素则没有对独立董事更迭造成显著的影响。

小　结

综上所述，独立董事相关理论研究的脉络如下：委托代理理论指出代理问题的存在使得监督成为必要，然而承担决策监督角色的董事会有时会被管理者控制，引入独立董事有助于减少董事会与管理层的合谋，因此对于公司治理具有重要的意义。然而独立董事也是理性的经济人，独立董事与股东之间也存在代理问题，因此需要对独立董事进行激励。在声誉激励、薪酬激励和法律约束三种激励方式中，现有的文献肯定了声誉激励的有效作用，然而声誉激励隐含着一个前提即独立董事的外部劳动力市场必须是有效的。现有文献对于独立董事对公司业绩的作用并没有得出一致的结论，但是认为独立董事能够对管理层和 CEO 进行有效的监督、维护股东的利益；同时，管理层或 CEO 也能够影响独立董事的选拔。在股权集中的国家，大部分研究者认为独立董事对大股东侵占小股东利益的行为并没有起到有效的监督作用，这可能是由独立董事的选拔方式造成的。在关联交易的监管方面，研究者们发现，独立董事往往只能够对某些类型的关联交易起到一定程度的抑制作用。而独立董事辞职主要是出于风险规避的目的，不同职业背景的独立董事对风险感知能力不尽相同，因此带来了辞职选择的差异。

从对独立董事相关文献的归纳和总结中我们可以得到三个重要的理论假设。Fama and Jensen（1983）所提出的独立董事的“声誉假设”，是独立董事制度设计的核心，对于独立董事制度的运行起着至关重要的作用。正是由于独立董事对于自身专家声誉的重视和追求，使得独立董事和股东之间的代理问题能够得到缓解甚至解决。而董事会结构内生性假设认为，董事会的组成结构和更替受到企业自身特征的影响，企业所处的行业、企业的规模、业绩、股权性质等特征都会影响董事会的构成，因此大股东和管理层等公司的内部控制人有可能会干预或控制独立董事的选聘过程，选出对自己有利的独立董事。董事会结构的内生性可能会带来独立董事市场的失效，因此董事会结构的内生性假设成立的话，独立董事市场有效性假设就不会成立，两者是一个问题的两个方面。独立董事市场有效性假设要求市场能够有效地识别独立董事的工作表现并且进行合理的奖励和惩罚。当公司的管理层或者大股东控制独立董事的选聘程序的时候，市场上表现出色的独立董事不能够得到声誉回报，也就是说他们不会得到更多更好的聘任机会，而表现不好的独立董事也不会受到声誉的损失，甚至可能得到更多的聘任机会，独立董事市场的有效性也就不复存在。

从本章的文献研究中可以看出，国内的研究文献大多注重考察独立董事对公司业绩、CEO 更替、关联交易监管的表现，但少有研究将独立董事的激励机制与独立董事的表现结合起来，考察独立董事工作表现的内在动力，对独立董事声誉激励进行研究的文献更为少见。因此，本书试图对我国独立董事的声誉激励现状和我国独立董事市场的运作机制进行一定的理论和实证分析，为更好地揭示我国独立董事制度运行的特点、进一步发展和完善我国的独立董事制度提供一定的理论参考。

第三章 独立董事激励机制作用的制度背景

2001年8月，中国证监会发布了《关于在上市公司建立独立董事制度的指导意见》，由此我国在上市公司的治理结构中正式引入独立董事制度。我国独立董事制度的建立，是我国上市公司在大股东控制下法人结构有缺陷的背景下，为了保护中小股东的利益，政府进行强制性法律移植的结果。但是，法律制度的移植是一项复杂的系统工程，移植成功与否往往受到不同文化和制度背景的极大影响，在不同的文化背景、不同的制度环境中，相同的法律法规往往会起到不同的效用。同时，由于制度变迁过程中存在的路径依赖，想要创造一个适合新制度生存和发展的文化和制度环境并非一朝一夕之功，新的制度在旧的制度环境中还有可能被异化，失去其本来的面目。因此，考察我国独立董事的运行情况和独立董事激励制度的功能，就必须对我国独立董事产生和发展的制度环境进行详细的考察。本章将对我国独立董事激励机制作用的制度背景进行分层次、分类别的考察，以为后文的分析提供定性分析的基础。

第一节 我国上市公司股权结构的特点和代理问题

我国上市公司的股权结构对于独立董事制度的作用有重要影响，我国上市公司的股权结构的特殊性，及其带来的公司内部的代理问题的特殊性，是我国独立董事制度存在和发展的制度背景的重要内容。股权结构包括两个方面的内容：公司的股东构成和各个股东所持有的股份占公司总比重的份额。从我国资本市场历史来看，我国资本市场建设初期的任务是为了筹集社会闲散资金为国有企业改革服务，因此我国的上市公司大多数由国有企业转制而来。当时，国有企业改制上市的途径往往是，原有的国有企业通过剥离自己的一部分优质资产作为发起人的股份，并和其他法人发起人一起认购上市的公司的一部分股权，其余股份向社会公开募集，最后向交易所申请挂牌交易。因此造成我国上市公司（A 股）的股权结构大致由三部分组成，一是国有股，二是法人股，三是社会公众股（流通股）。由于改制前国有经济在整个国民经济中所占的比重非常大，因此上市时国有股和国有法人股在上市公司的股权结构中取得了绝对控股的地位。

由于历史原因造成的我国上市公司股权结构畸形，主要有以下几个方面的特点：

（1）国有股权高度集中。据上海证券（联合）课题组的一项研究表明，我国上市公司中第一大股东处于绝对控股地位（即持股比例超过 50%）的上市公司占全部上市公司的 40.94%，加上相对控股（第一大股东持股比例超过 25%）的上市公司，第一大股东占控股地位的公司数占全部上市公司的 84.57%，进一步的统计显示，第一大股东平均持股比例为 44.26%。[①] 国有股东是大多数上市公司的唯一大股东，在公司总股本中占据绝对的优势，按照“一股一票”、“同股同权”的原则，国有股东对于上市公司的经营管理的方方面面拥有了绝对的控制权利。

（2）法人股股权在我国上市公司中的比重相当高。由于我国国家股不能上市流通，国家股只能以协议转让的方式转让给法人股东；同时，在上市公司资源相对稀缺的情况下，许多企业通过购买国有股权“借壳上市”，导致法人股比重上升。在法人股股东中，国有产权占控制性地位的比例很高。我国证券市场人为地把上市公司股权分为流通股和非流通股两部分，国有股和法人股不能在二级市场进行公开交易，使非流通股股东在股权的平等性和股权利益的一致性方面都同流通股股东有很大的差别。

（3）经理层与股东尚未分离。包括 CEO 在内的企业高级管理人员大多数由大股东推举或选任，代表大股东的利益。董事会成员的提名被大股东所控制，

① 资料来源：同济大学–上海证券（联合）课题组：《我国上市公司股权制衡研究》，上证联合研究计划第四期课题报告。

大部分董事是由大股东委派的。在董事会成员中，大约70%来自股东单位，其中来自第一大股东的人数往往超过董事会总人数的50%（王满，2003）。董事会成员和控股股东之间存在着天然的联系，因此董事会难以公平地对待大股东和中小投资者，不仅无法发挥决策监督功能，有的甚至直接代表大股东的利益成为大股东“掏空”上市公司的工具。因此，管理层和大股东之间的代理问题得到缓解，大股东和中小股东之间的代理问题成为我国上市公司的主要代理问题。

（4）无论是在国有控股还是民营控股的上市公司，大股东出于自身利益考虑，利用控股地位及信息优势侵占中小股东利益的现象十分突出。由于国有控股的上市公司大多数是由国有企业改制而来，上市部分往往是老国企剥离出来的优质资产，母公司大多背负着“企业办社会”的沉重包袱，在自身基本上丧失“造血”功能的情况下，通过不正当手段占用上市公司资金成为苟延残喘的首要选择。而民营控股的上市公司大股东为了自身利益的最大化则更有可能通过控制经理人员和董事会侵占中小股东的利益。由于广大中小股东不可能对公司决策产生影响，处于弱势群体地位，大股东可以很容易地利用手中的控制权，作出有利于大股东自身而不利于小股东的决策。再加上我国资本市场不健全、经理人市场尚未有效建立、公司监事会形同虚设，控股公司往往将上市公司当做自己的附属机构甚至“提款机”，侵占中小股东的利益。例如，通过关联交易行为进行利益输送，大量占用上市公司的资金或者让上市公司为自己提供贷款担保，当其无力偿还时，上市公司即被拖入债务泥潭，甚至被淘空，元气大伤乃至破产，中小股东权益严重受损。

我国上市公司股权结构的现状在很大程度上是与我国资本市场的制度背景紧密联系在一起的。La Porta等（2000）对一些国家（地区）中小股东保护程度所作的实证研究发现，在法律对投资者权益保护得好的国家（地区），所有权结构比较分散，而在法律对中小股东利益保护得不够的国家（地区），投资者不得不集中持股以直接影响企业的生产经营。按照他们的观点，目前，在我国法律体系尚不健全的情况下，企业的所有权集中是一种自适应调整的结果。但是，这种安排只能保证集中持股的股东利益得到自我保护甚至扩张，而其他非集中持股的股东利益则更加受损。

第二节 我国独立董事制度的功能与定位

就世界范围内独立董事制度的功能来看，西方学者一般认为独立董事主要有以下三种职能：①监督职能。Fama and Jensen（1983）认为：独立董事通常有资格来选择、监督、考核、奖励和惩罚企业的经理人，以减少经理人和股东之间的冲突来提高企业的效益，因而独立董事的主要功能是解决现代企业所面临的代理问题。②战略职能。Brickly（1994）的研究显示：独立董事可以运用他们丰富的商业经验、掌握的技术和市场方面的知识，来帮助企业解决经营上的难题，还可以帮助企业构建重要的商业战略。③政治职能。Anup and Knoeber（1996）的研究发现，当政治因素对企业（尤其是一些知名企业）的影响较大时，企业中常常会有很多具备政府背景的独立董事，如果企业由于环境污染或垄断问题而同政府存在较多分歧，企业中具有律师背景的独立董事就会增多，他们可以为企业提供具有洞察力的意见，帮助企业分析和预测政府的相关行为。虽然独立董事的职能不仅仅是监督，但监督仍然是独立董事最主要的和具有实质意义的职能。公司契约的不完全性以及为解决契约不完全性而建立的传统法人治理结构存在缺陷，是英美等国家独立董事制度产生和发展的基本原因。在英美国家“一元制”治理模式下，由于内部监督机构的缺位以及董事会监督的无力导致了内部人控制问题的产生，而内部人控制问题的存在客观上为经理人员谋取私利提供了便利的条件，因此，英美国家采纳独立董事制度的初衷，就是为了解决“一元制”公司治理模式下监督机制失灵所带来的种种弊端，独立董事在英美公司治理中的职能也主要表现为监督经营管理。

由于我国上市公司集中性的股权结构决定了我国上市公司面临的主要代理问题是大股东与中小股东之间的代理问题，因此我国设立独立董事的初衷与英美等国不尽相同。许多学者认为，我国独立董事的作用，并不在于在总体上保护股东免受管理层侵害，而在于通过监督制衡大股东以及大股东派出的董事、经营管理人员的不合理甚至违法的行为，保护中小股东免受大股东的剥削（蒋全桂，（2001））。这一制度对于规范我国上市公司运作、完善证券市场具有积

极的推动作用。

在公司治理结构中，独立董事角色定位与执行董事和监事都有很大不同，其突出特征在于独立董事具有的独立性。谭劲松（2003a）认为，独立性是独立董事和独立董事制度的灵魂，如果没有了独立性，整个独立董事制度赖以建立和存在的基础就不复存在，独立董事制度这一“摩天大厦”顷刻间将彻底坍塌。如果说执行董事往往由于自身受雇于上市公司而难以保持独立公正的立场，那么按照我国《公司法》的规定，监事会是公司内部的专职监督机构，本应承担起独立的监督角色。但是由于立法上的缺陷，我国监事会的监督功能及其效果与制度设计的初衷相差甚远。监事会成员的身份和行政关系不能保持独立，其工薪、职位等基本上都由管理层决定，监事会在重大方面的权利，如决策权、知情权、人员聘任及诉讼权等方面的权利并没有明确的法律规定，因此导致监事会无法担当监督董事会和管理层的职责。监事会几乎仅仅成了上市公司的一种摆设，起不了多大的监督作用。

与监事会相比，我国独立董事的独立性体现在什么方面呢？独立董事会不会也像监事会一样沦为“聋子的耳朵——摆设”？从独立董事制度实施的实际情况来看，在独立董事引入的最初几年，虽然从形式上大多数上市公司都已经达到中国证监会规定的独立董事占董事会成员三分之一的比例要求，但是由于制度还处于试水阶段，独立董事履行监督职能的质量并不高，聘请独立董事的上市公司和担任独立董事的人士对于独立董事的权利、义务和风险并不十分清楚。2004 年 5 月《上海证券报》发表的首份中国独立董事生存现状调查表明：33.3%的独立董事在董事会表决时从未投过弃权票或反对票，35%的独立董事从未发表过与上市公司高管有分歧的独立意见。因此，人们甚至把独立董事戏称为“花瓶董事”。近几年，随着证券监管部门对独立董事职责的进一步规范和独立董事培训的实施，独立董事的监督能力和风险意识逐渐提高。2002 年中国证监会对“郑百文”花瓶董事陆家豪不履行职责课以 10 万元的重罚，曾惊醒了多少“董事不懂事”的梦中人，一时间引发全国上百名独立董事辞职。类似的事件频频发生促使更多的独立董事开始发出自己的声音。唐清泉、罗党论（2006）对 122 位独立董事进行问卷调查表明，对于不合理的提案或方案，在独立董事中，曾经有 65%的独立董事认为自己提出了不同意见，提出修正或拒绝的也有 42%，曾经因此产生了激烈的争论或冲突的达到 5%；他们认为独立董事直接或间接、正在或已经通过不同的方式与途径在履行自己的职责，独立董事的独立性是值得期待的。

第三节　我国独立董事激励的现状

独立董事的独立性是独立董事制度功能得以实现的前提，然而，靠什么来保证独立董事的独立性呢？独立董事也是理性的经济人，他会根据自己的利益最大化原则来决定采取什么样的行动。同时，作为监督者的独立董事实质上也是中小股东的代理人，和中小股东之间也存在着委托-代理问题，也会出现偷懒问题和道德风险。如果对独立董事的激励不当，独立董事就会像监事会一样沦为大股东的附庸。各国公司治理当中对于独立董事的激励主要有固定薪酬激励和声誉激励两种形式。

我国独立董事的报酬形式并没有采用国际上所普遍采用的固定薪酬和股权激励相结合的方式，而是采取了固定薪酬的形式。虽然在法律和行政法规中并没有禁止股权激励的形式，但目前还没有一个以股票期权形式支付独立董事薪酬的案例。中国证监会发布的《关于在上市公司建立独立董事制度的指导意见》中规定，上市公司应当给予独立董事适当的津贴。津贴的标准应当由董事会制订预案，股东大会审议通过，并在公司年报中进行披露。但津贴到底以多少为宜还是一个尚待研究的问题。除上述津贴外，独立董事不应从该上市公司及其主要股东或有利害关系的机构和人员那里取得额外的、未予披露的其他利益。这一规定只是规定了独立董事津贴发放的基本原则和基本程序，并没有对津贴的形式和标准加以规定，为企业留下了很大的自主空间。但现实中大多数企业都是选择以年费、出席会议费和车马费等形式发放报酬，也就是尚未将企业业绩与独立董事报酬挂钩。固定薪酬是独立董事在就任的时候就确知能够得到的报酬，无论工作表现如何，固定薪酬都不会增加或减少，这样的薪酬设计的初衷也许是为了使独立董事与公司的利益彻底分离，使得独立董事的独立性得到更加安全的保障。但是事实证明，独立董事与公司股东的利益彻底分离并没有使得独立董事更具有独立性，而是使得薪酬制度本身丧失了对于独立董事的激

励作用。

与薪酬激励不同，声誉机制对于独立董事的激励作用并非可以很容易地直接观察到。从理论上说，独立董事大多为各自领域的专家学者，通常已经拥有颇为丰厚的主业收入和较高的社会地位和声誉。谭劲松（2003a）统计发现，高校和研究机构的知名学者是我国上市公司独立董事的主体，占全部独立董事数量的40%，实业界人士占10%，会计师、律师、咨询顾问等中介机构的专业人士分别占8%左右的份额。这些社会知名人士一般来说都很看重自己的声誉，如果独立董事在上市公司治理中没有表现出应有的独立和客观，以至于上市公司出现问题而受到调查和批评，那么无形中将对独立董事的社会声誉产生极大的负面影响。尤其对于一些在主业领域德高望重的独立董事来说，如果稍有不慎，就可能“将一世清名毁于一旦”。正因为如此，Fama（1980）、Fama and Jensen（1983）指出，即使在独立董事得到的物质报酬很低的情况下，声誉机制也能够有效地激励独立董事保持其独立性。

然而，在实际的经济生活中独立董事声誉的内涵并没有一个十分清晰的边界，因此声誉激励也就难以被观察和量化。如果要给我国独立董事的声誉的内涵做一个大致的界定，可能主要体现在以下两个方面：①个人人力资本价值。在商品社会中，一切能够带来利益的物品都可以作为商品进行定价，声誉也不例外。声誉的累积需要经过相当长时间的积累和历史积淀，它不仅是个人努力的结果，而且受到公众心理的强烈影响，因此，声誉的得来是非常困难的。但良好的声誉一旦形成，会给其拥有人带来更多更好的事业发展机会以及伴随而来的异常丰厚的物质回报。因此，对于独立董事个人而言，声誉是具有极高价值的个人人力资本。如果因为上市公司的治理问题而使得独立董事丧失了这种宝贵的人力资本，那么相当于减少了独立董事可预期的个人未来收入，而且这种损失之大可能是无法衡量的。因此，从经济学的角度来说，独立董事追求声誉就是为了增加个人人力资本价值，避免个人人力资本的损失。②社会形象。作为社会名人或是成功人士的独立董事通常不自觉地担当起道德楷模的角色，他们的行为会比普通人更多地受到周围同行、公众甚至媒体的关注，如果他们的行为不当导致社会形象受损，即使没有带来直接的经济损失，他们也会感觉到自身在公众心目中的道德形象大打折扣，因此在心理上蒙受损失。从这个角度来看，独立董事对于声誉的追求是对自身道德形象和道德满足感的追求。现

实生活中，有的专家学者担任独立董事只是为了便于更好地发现实际操作中的问题并获得有价值的研究问题和研究素材，或者作为增加和丰富人生经历的途径，而不是出于人力资本价值保值增值的考虑，社会形象和道德满足感可能对他们来说更为重要。

经济学对于独立董事声誉的研究是从独立董事的个人人力资本价值的角度进行分析的。最直观的逻辑是：如果一位独立董事的工作越努力，他在独立董事市场上的声誉也就越高，也就会有更多的公司愿意聘请他作为独立董事，他的未来收入也就会增加。反之，如果某位独立董事的工作不努力导致股东的利益受损，那么他在独立董事市场上的声誉就会因此而降低，别的公司的股东也就不愿意聘任他做独立董事，他将来的收入也就会减少。因此，独立董事声誉激励最终还是通过薪酬的形式体现出来的，如果没有薪酬总量的增加，声誉激励也就只是“水中花镜中月”，空口无凭。这种经济学的研究方式虽然不能够包括声誉的全部内涵因而有失偏颇，但是在现有技术手段无法衡量声誉所带来的道德满足的前提下，也不失为一种有意义的研究方法。

然而这种声誉的衡量方式受到独立董事市场有效性的约束，也就是说，受到聘请独立董事的股东的目标函数的约束。众所周知，我国独立董事的聘任是由大股东实际控制的，中小股东虽然也拥有投票权，但是由于投票的多数表决原则的作用而不可能在公司事务上实现自己的主张。从理论上说，大股东不可能聘人来反对自己，大股东有按照自己的利益需求选择独立董事的动机，因此独立董事市场可能不是按照独立董事尽职与否来选拔独立董事，甚至可能颠倒是非，不努力工作的独立董事反而可能更受到市场的欢迎。独立董事选聘机制的扭曲可能会导致独立董事声誉机制的扭曲。在现实生活中，独立董事们可能正是在扭曲的声誉机制下和道德良心的拷问中寻求平衡，使得我国独立董事对声誉的追求处在一种尴尬的状态中。一方面，独立董事尽量回避可能给自己声誉带来损失的风险，以免自己的公众形象受到损失；另一方面，对于中国上市公司司空见惯的非公允关联交易、大股东资金占用等违规行为，独立董事也缺乏采取强有力的措施全面加以制止的动机。但公司潜在的治理风险终有一天会爆发，这种自相矛盾的行动策略并非长久之计，因此有人把独立董事们比作是“走钢丝的人”。当实在无法保持平衡的时候，独立董事只好采取最后的办法“一走了之”，通过辞职来维护自身的道德声誉和人力资本的价值。这也是近年

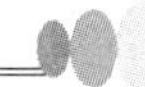

来我国独立董事辞职现象频频发生的原因所在。难怪中国人民大学法学院教授、从 1996 年起就出任独立董事的董安生先生曾经感叹道："前后做过六家公司的独立董事，没出什么事，已是万幸"。[①] 可见，对于独立董事来说，自身的努力程度无法衡量，但"别出事"是最重要的。

小　结

本章主要分析了我国独立董事激励机制作用的社会制度背景。由于我国上市公司"一股独大"的特殊股权结构，大股东出于自身利益考虑，通过控制管理层和董事会，利用控股地位及信息优势侵占中小股东利益，使得大股东与中小股东之间的代理问题成为上市公司的主要代理问题。为了维护中小股东的利益、保证我国证券市场长期稳定发展，我国证券监管部门引入了独立董事制度以对公司内部控制人进行监督和制衡。

然而，独立董事功能的发挥有赖于独立董事的独立性的保持。如果独立董事失去独立性，就很可能沦为与监事会一样的大股东的附庸。由于担任独立董事的大都是社会知名人士，对于声誉的追求有可能使他们不与公司内部控制人共谋，保持自身的公正和独立。声誉激励的有效作用有赖于独立董事市场和独立董事选聘机制，在我国目前独立董事的选聘被大股东实际控制的情况下，独立董事受到的声誉激励是扭曲的，因而有可能产生不同于英美国家独立董事声誉激励的后果。本书正是在这样的制度背景下，试图对独立董事声誉激励所产生的实际效果进行一定的探究。

① 李彬，童颖. 中国独立董事生存现状调查报告. 上海证券报，2004 年 5 月 27 日。

第四章　引入声誉机制的独立董事委托代理模型

独立董事制度设计的初衷是为了监督企业内部控制人对于权利的滥用，缓解委托代理问题。然而，独立董事自身作为理性的经济人，本质上也是代理人，他与委托人之间也存在代理问题，需要进行以报酬为表现形式的显性激励或者声誉激励。Fama（1980）、Fama and Jensen（1983）研究认为，即使没有显性激励，独立董事也有动力积极努力地工作，因为这样可以改进他们在劳动力市场上的声誉，从而提高他们未来的收入。我国上市公司的独立董事由于自身身份地位的特殊性，大多是社会知名人士，因此从理论上来说，他们也应该受到声誉机制的激励。Holmstrom and Milgrom（1987）建立了一个经典委托-代理模型，描述对于风险规避型的代理人如何进行激励和补偿的问题。张维迎（2004）对他们的模型进行了简化和扩张。但是，他们的模型都没有考虑代理人的声誉激励在代理人补偿契约中的影响。国内研究独立董事激励机制的文献中，对独立董事声誉激励模型的研究更是十分缺乏。本章试图弥补这方面的不足，通过借鉴国内外研究者对委托代理理论和声誉理论的研究，将独立董事声誉收益引入独立董事的委托代理模型之中，以测度我国独立董事所受到的声誉激励的情况，为本书的实证分析提供理论基础。

本书的模型借鉴了Holmstrom（1982）、Holmstrom and Milgrom（1987）、张维迎（2004）的理论模型，但进行了以下改进：

（1）在Holmstrom and Milgrom（1987）、张维迎（2004）的模型中，均假设委托人对代理人的支付函数和代理人的收入函数是一致的，但本模型认为声誉机制是独立董事得到的除股东支付的固定报酬之外的额外收益，是不需要大股东直接支付给独立董事的，因此股东的支付函数与独立董事的收入函数并不完全一致。由此体现独立董事声誉激励不同于一般的股权激励的特殊性。

（2）以上模型只考虑了分散的股权结构下委托人与代理人之间的委托代理关系，没有考虑存在大股东私有收益的情况。针对我国上市公司的股权集中特征，本模型考虑了大股东和中小股东之间的代理问题和大股东私有收益对于独立董事声誉激励的影响。本章将首先对全体股东利益一致时的独立董事声誉激励模型进行分析，然后再考虑存在大股东私有收益的情况下独立董事声誉机制的变化。

（3）在 Holmstrom（1982）的模型中，经理人在第一期努力工作所得到的声誉可以通过他在第二期的固定报酬体现出来。然而，由于我国上市公司对于在同一家公司工作的独立董事支付基本上相同的固定薪酬，并且在不同年度之间很少改变，因此模型中假设独立董事的声誉并不会体现在公司支付的固定报酬的增长当中。在本模型中，对于独立董事的声誉的具体表现形式没有进行特别的约束，只是不失一般性地假设独立董事的声誉会给独立董事个人带来好处，增加独立董事的个人收益。独立董事的声誉有可能表现为未来获得的职位数量的增加、固定报酬的增长，也有可能表现为独立董事道德追求的满足、社会声望的提高，以及独立董事留任可能性的增大。

第一节　模型的基本描述

假设 a 是独立董事的一维努力变量，$0<a<1$。为了计算方便，假设独立董事的努力程度与企业的产出之间存在线性正相关的关系，即企业的产出函数取如下线性形式：$\pi=ka+h+\varepsilon$，其中，k 是独立董事努力程度与企业产出之间的相关系数，h 是常数，ε 是均值为零，方差等于 σ^2 的正态分布随机变量，代表外生的不确定性因素。进一步假设独立董事的成本函数是 $C(a)=\frac{d}{2}a^2$，$d>0$，d 代表成本系数，$C(a)$ 是严格递增的凸函数。由于我国上市公司目前支付给独立董事的均为固定薪酬，因此假设委托人（即股东）支付给独立董事的报酬为 $W_p=\alpha$，而独立董事在得到固定薪酬之外，如果所在企业的表现优秀，还将得到良好的声誉，即独立董事的收入为 $W_i=\alpha+\beta\pi$，其中 β 表示独立董事的声誉激励系数，$\beta > 0$，表示企业产出增加给独立董事带来的声誉激励总是为正。

第二节　全体股东利益一致时的独立董事声誉模型

在全体股东利益一致时，大股东没有获取私人利益的动机。独立董事即使是和大股东签订契约也是对全体股东有利的，大股东对自身利益最大化的过程也就是对全体股东利益最大化的过程，因此，全体股东是委托人，独立董事和经理人一样都是股东的代理人，独立董事的激励问题，就是一个经典的委托代理模型中委托人对于代理人的激励问题。股东和独立董事的效用函数分别为 U_p、U_i，其中：

$$U_p = \pi - W_p = ka + h + \varepsilon - \alpha$$

$$U_i = W_i - C = \alpha + \beta\pi - \frac{d}{2}a^2$$

为了简化分析，从而更清楚地说明问题，假设股东和独立董事都是风险中性的，因此 U_p、U_i 对应的确定性等价收入分别为：

$$Z_p = E(\pi) - E(W_p) = ka + h - \alpha$$

$$Z_i = E(W_i) - E(C) = \alpha + \beta\pi - \frac{d}{2}a^2$$

假设股东无法观察到独立董事的努力程度，那么股东使自身收益最大化的过程中必须要满足独立董事的参与约束（IR）和激励相容约束（IC）。即股东收益最大化的问题可以表述如下：

$$\max_{\alpha\beta} Z_p = \max_{\alpha\beta} E(\pi) - E(W_p) = \max_{\alpha\beta} ka + h - \alpha \qquad \text{S.T.} \qquad (1)$$

$$Z_i \geqslant \varpi \qquad (2)$$

$$\max_{a} Z_i = \max_{a} E(W_i) - E(C) = \max_{a} \alpha + \beta\pi - \frac{d}{2}a^2 \qquad (3)$$

其中，（1）式代表股东利益的最大化，在没有确切的证据之前，假设独立董事的声誉激励系数不一定是由股东决定的，而是可能取决于市场上的某些因素，所以股东只能够通过调整 α 来最大化自己的收益。但是，不容否认的是，客观上存在一个最优的声誉激励系数 β^* 使得股东的利益最大化，这个 β^* 代表了股东最为期望的独立董事额外收益与公司业绩表现之间的相关关系，也就是对于股东来说最优的独立董事声誉激励的力度。（2）式代表独立董事的参与约束，其含义是保证独立董事从契约中得到的确定性等价收入不低于保留收入 ϖ，ϖ 是一个外生的常数，如果独立董事得到的确定性等价收入小于 ϖ，独立董事将不接受契约。（3）式代表独立董事的激励相容约束，其含义是独立董事总是会选择最大化自己的确定性等价收入的努力水平。

对参与约束（IR）求解，得到：

$$Z_i=\alpha+\beta\pi-\frac{d}{2}a^2=\alpha+\beta\ (ka+h)-\frac{d}{2}a^2\geqslant\varpi$$

即独立董事的参与约束可以表述如下：

$$\alpha\geqslant\varpi-\beta\ (ka+h)+\frac{d}{2}a^2 \tag{4}$$

由于股东无法观察和控制独立董事的努力程度，独立董事总会选择对自己效用最大的努力程度，使得独立董事的确定性等价收入最大化的努力程度 a 可以通过对其求一阶导数得到：

$$\underset{a}{\text{Max}}\ Z_i=\underset{a}{\text{Max}}\ \alpha+\beta\pi-\frac{d}{2}a^2=\underset{a}{\text{Max}}\ \alpha+\beta\ (ka+h)-\frac{d}{2}a^2$$

解得独立董事的激励相容约束为：

$$a^*=\frac{k}{d}\beta \tag{5}$$

（5）式说明独立董事的努力程度总是和声誉激励线性正相关，这是由于我们假设股东支付的是固定薪酬，而固定薪酬是独立董事任职的时候就已经确定能够得到的，不能够对独立董事产生激励的作用，这与我国目前独立董事薪酬的现状是一致的。当 $\beta=0$ 时，独立董事最优的选择是不工作；当声誉激励越大时，独立董事越努力工作。

将参与约束与激励相容约束代入目标函数，由于股东不会额外支付多于独立董事保留收入的报酬，要使得股东的收益最大化必须对独立董事的固定报酬取最小化，因此对（4）式取等号式并代入（1）式，同时将（5）式代入（1）式。股东收益最大化的问题转化为：

$$\underset{\alpha\beta}{\text{Max}}\ \frac{k^2}{d}\beta+h+\beta\ (ka+h)-\frac{d}{2}a^2-\varpi$$

由于 ϖ 是给定的，上述表述意味着委托人事实上是在最大化总的确定性等价收入减去努力的成本。化简得到：

$$\underset{\alpha\beta}{\text{Max}}\ \frac{k^2}{2d}\beta^2+\frac{k^2+dh}{d}\beta+h-\varpi$$

$$\beta^*=-\frac{k^2+dh}{k^2}<0 \tag{6}$$

由于目标函数对 β 取二阶导数的结果大于零，因此目标函数是一个顶点位于 Y 轴左方，开口向上的二次函数。由于实际经济生活中独立董事的声誉激励总是大于或等于零，即 $\beta\geqslant 0$ 时，因此目标函数的取值总是随着 β 的增加而单调递增。说明对于股东来说独立董事的声誉激励系数越高，股东的收益越大。

同时，将（5）式代入（4）式并进行整理，可以得到独立董事的固定薪酬为：

$$\alpha=\varpi-\frac{k^2}{2d}\beta^2-\beta h$$

可见，独立董事的固定薪酬与 β 负相关，也就是说，独立董事的声誉激励系数越大，股东需要支付给独立董事的固定薪酬越少，因为声誉激励在一定程度上取代了薪酬激励的作用。因此声誉激励的力度越大，股东越能够节约成本。

综上所述，在大股东不存在私有收益，即全体股东利益一致的情况下，独立董事的声誉激励机制的存在能够给全体股东带来好处，独立董事越是能够通过努力工作赢得个人的宝贵的声誉，股东就越能够节省支付给独立董事的报酬。因此得到：

引理 1：在全体股东利益一致的情况下，独立董事的声誉激励越大，全体股东的收益越高。

同时，由于独立董事保留收入的存在，声誉激励和固定薪酬之间存在着负相关的关系。当独立董事的声誉激励不存在时，股东支付给独立董事的固定薪酬就等于独立董事的保留收入，但固定薪酬无法激励独立董事工作，此时独立董事的最优选择是不工作；当独立董事的声誉激励足够大以至于股东不需要向独立董事支付固定薪酬的时候，独立董事工作的努力程度反而很大。这正是 Fama and Jensen（1983）所指出的：由于独立董事声誉机制的存在，即使在支付给独立董事的薪酬很少的情况下独立董事仍然有动机努力工作。由此得到：

引理 2：声誉激励和固定薪酬之间存在负相关的关系。

引理 3：独立董事的努力程度与固定薪酬不相关，但是与声誉激励正相关。

第三节　存在大股东私有收益时的独立董事声誉模型

Fama and Jensen（1983）的研究结论并没有考虑大股东与小股东之间代理问题的存在。在存在大股东私有收益的情况下，大股东与中小股东的收益函数将不同，由于中小股东持有的股份太少，事实上独立董事是与大股东订立契约，因此我们只考察独立董事与大股东之间的最优契约模型，以此来考察声誉激励的作用。

独立董事的收益函数与前面所描述的基本模型相同，但大股东的收益函数发生了变化。在存在大股东私有收益的情况下，大股东的收益函数既包括大股东从企业产出与成本之差中得到的利润，也包括大股东通过不公平的方式侵占中小股东的利益所得到的私有收益。因此大股东的收益函数为 $U_p=p(\pi-W_p)+Q$。其中，p 为大股东的持股比例，Q 为大股东的私有收益。由于独立董事的努力会减少大股东的私有收益，且边际效用递减，所以假设 $Q=q(1-a^2)$。当 $a=0$ 即独立董事没有进行监督时，大股东的私有收益为 q；当 $a=1$ 即独立董事以最大的努力进行监督时，大股东的私有收益为 0。

大股东与独立董事的确定性等价收入为：

$$Z_p=p[E(\pi)-E(W_p)]+E(Q)=p(ka+h-\alpha)+q(1-a^2)$$

$$Z_i=E(W_i)-E(C)=\alpha+\beta(ka+h)-\frac{d}{2}a^2$$

同样，大股东最大化自身收益的过程必须满足独立董事的参与约束和激励相容约束。由于独立董事的收益函数形式并没有改变，因此独立董事的参与约束和激励相容约束也与前面的基本模型相同，独立董事的参与约束仍然为 $\alpha\geqslant\varpi-\beta(ka+h)+\frac{d}{2}a^2$，独立董事的激励相容约束为 $a^*=\frac{k}{d}\beta$。将独立董事的参与约束和激励相容约束均代入大股东的确定性等价收入函数，大股东收益最大化的问题转化为：

$$\operatorname*{Max}_{\alpha\beta}\ \frac{dpk^2-2qk^2}{2d^2}\beta^2+\frac{pk^2+dph}{d}\beta+ph+q-p\varpi$$

求一阶导可知：$\beta^* = \dfrac{dpk^2 + d^2ph}{2qk^2 - dpk^2}$

因为根据各变量所代表的含义我们容易发现有 $p < \dfrac{2q}{d}$，$\beta^* > 0$，目标函数的图形是顶点位于 Y 轴右侧、开口向下的二次函数的抛物线，在 $\beta = \beta^*$ 处取最大值，当 $0 < \beta < \beta^*$ 时，目标函数单调递增，当 $\beta > \beta^*$ 时，目标函数单调递减。可见，对于大股东而言，存在一个最优的独立董事声誉激励系数，这一最优声誉激励系数的取值随着大股东持股比例的增加而增大，随着大股东私有收益的增大而变小，即大股东的持股比例大或私有收益小的时候，希望独立董事受到的声誉激励越大越好；大股东的持股比例小或私有收益大的时候，希望独立董事受到的声誉激励越小越好。因此得到：

引理 4：当存在大股东私有收益时，对于大股东来说，最优的独立董事声誉激励与大股东的持股比例正相关，与大股东所能获得的私有收益的最大值负相关。

因此，如果独立董事的劳动力市场的需求方主要是由大股东组成的，大股东组成的一个需求市场有权决定对于独立董事的最优声誉激励力度，那么他们各自都会选择使自身利益最大化的独立董事最优声誉激励。虽然每个大股东的持股比例与私有收益的比值不尽相同，但是在大多数上市公司股权集中和大股东掏空上市公司盛行的背景下，可以想见，不同大股东所选择的独立董事最优声誉激励的取值会显示出趋同的特征。所以从整个市场来看，所有公司的平均股权越集中或私有收益越高，独立董事实际受到的声誉激励越小。

小　结

本章通过建立独立董事与股东之间的委托代理模型，对独立董事的声誉激励的决定机制进行了理论分析，并得到了四个引理。发现只有在假设全体股东利益一致的情况下，Fama and Jensen（1983）所提出的“声誉假设”才会成立，由于声誉激励的作用，即使在不存在报酬的情况下独立董事也有动机努力工作；但是，如果考虑大股东和中小股东之间的代理问题并假设大股东能够通过掏空上市公司得到私有收益，那么对于大股东来说，最优的独立董事声誉激励水平应该随着大股东持股比例的增加而增加，随着大股东在没有监督的情况下可能获得的私有收益的增加而减少。

第五章　独立董事声誉激励与上市公司关联交易

第一节　理论构架

目前，我国上市公司股权结构具有“一股独大”的典型特征，非流通的国有股在许多上市公司中处于绝对控股地位。

由于“一股独大”股权结构的普遍存在，因而上市公司与母公司之间的关联交易问题是中国上市公司一直无法根治的病症。我国上市公司多系国有企业改制而成，与改组前的母体公司及其下属企业之间存在着千丝万缕的联系，与控股大股东之间发生着大量的关联购销、资产重组、融资往来以及担保、租赁等行为。由于关联交易最容易造成非公允定价，而关联交易又极其隐蔽，某些控股股东便利用其控制地位，在重大关联交易中牺牲上市公司及广大中小股东的利益，以不合理的高价将其产品或劣质资产出售或置换给上市公司，换取上市公司的现金或优良资产，或者以不合理的底价从上市公司购买产品或资产，甚至不支付价款，致使上市公司应收账款不断增加，资金被长期占用，直接影响上市公司正常生产经营活动。上市公司的控股股东频繁利用关联交易为自身利益服务，是关联交易问题成为我国上市公司治理结构失衡的一个重要标志，严重影响了我国资本市场的健康发展，关联交易也因此成为相关监管机构关注的重点。

针对关联交易严重损害中小股东利益的问题，人们普遍认为，独立董事在对关联交易的监督中可以发挥重要的作用。中国证监会在 2003 年 8 月特别发文，对控股股东及其关联方无偿占用上市公司资金的问题进行规范，并且在《关于规范上市公司与关联方资金往来及上市公司对外担保问题的通知》中规定了独立董事要对执行规定情况有专项说明及独立意见。在《关于在上市公司建立独立董事制度的指导意见》赋予独立董事的六大特别职权[①]中，第一项也是最重要的一项是重大关联交易审查权。重大关联交易（指上市公司拟与关联人达成的总额高于300万元或高于上市公司最近经审计净资产的5%的关联交易）必须由独立董事认可后，才能提交董事会讨论。这些规定旨在加强独立董事对关联交易的关注和监督，从而促进关联交易公允，防止关联方向上市公司输送利润，保护上市公司和中小股东的利益不受侵害。这些都意味着独立董事必须要对关联方交易给予高度关注。

由独立董事来监管企业的关联交易这一做法具有深厚的理论背景。从代理理论的角度来说，在整个上市公司治理结构中，只有独立董事因为其“独立性”才有可能充当中小股东的代理人的角色，监督控股股东的关联交易行为。从信息经济学的角度来说，关联交易是控股股东和中小股东以及其他的利益相关者之间的信息不对称带来的，如果关联交易的信息完全透明，那么在股权全流通的情况下，中小股东可以通过卖出自己手中的股票从而降低上市公司的市场价值，使控股股东本身承受关联交易的损失。而独立董事是公司治理的当事人，了解关联交易的信息，通过他们公开发表的独立意见，中小股东可以了解企业经营中关联交易发生的实际状况，从而做出理性的投资决定。

然而实践中独立董事制度是否起到了抑制关联交易的积极作用呢？从国内已有的文献来看，把独立董事和关联交易结合起来的文献还比较少见，并且对于独立董事与关联交易之间的关系并没有得出一致的意见。封思贤（2005）对我国上市公司关联交易进行实证研究后发现，独立董事制度能够有效约束和减少上市公司为控股股东及其关联方提供担保和抵押现象的发生，但是，在约束关联销售和关联方直接占用上市公司资金方面，独立董事制度并未发挥有效作用。刘建民（2007）应用2002~2004年样本公司的数据进行实证研究发现，独立董事比例和报酬对关联交易规模没有抑制作用，但是独立董事比例对关联方

①《通知》赋予独立董事的六大特别职权是：（1）关联交易审查权；（2）提议召开临时股东大会和董事会的权利；（3）聘请外部审计机构和咨询机构；（4）直接向股东大会、证监会报告情况；（5）在股东大会召开前公开向股东征集投票权；（6）设立薪酬、审计、提名等委员会。

应收账款规模有明显抑制作用，他们认为独立董事对大股东的制衡作用和对公司绩效的促进作用已经得到体现，但是独立董事报酬激励的作用并不显著。这些实证研究都是通过考察独立董事的绝对数量和独立董事在董事会中的比例与关联交易之间的相关关系，从而得出独立董事能够有效抑制关联交易的结论。但是，独立董事数量上的增长并不一定会导致独立董事作用更好的发挥。由于我国的独立董事的设立具有政策的强制性，并且大多数独立董事是由大股东推举或指定的，因此即使是独立董事数量得到了增长，独立董事职能的发挥依然受到许多方面的制约。例如，来自大股东方面的压力、管理层的态度不够合作、自身时间和精力有限，等等，这些都使得独立董事缺乏足够的动机去监管关联交易。只有存在有效的独立董事激励机制，才能够使独立董事制度对关联交易的监管发挥有效的作用。独立董事激励机制与关联交易规模之间的理论逻辑如图 5-1 所示。从图 5-1 可以看出，独立董事的报酬和声誉等激励机制能够促使独立董事进行关联交易监管的行为，从而使得关联交易的规模发生变化。由于独立董事监管关联交易的行为不能够被研究者直接观察到，因此，以往的研究往往以独立董事数量的增加和比例的提升表示独立董事的监管行为增加了，但这种方法在逻辑上具有明显的局限性。本章试图从更深的层次直接考察独立董事的激励机制对于关联交易规模变化的影响，从而揭示独立董事抑制关联交易的内在原理，同时考察现有的激励机制能否有效地促使独立董事发挥对关联交易的监管作用。

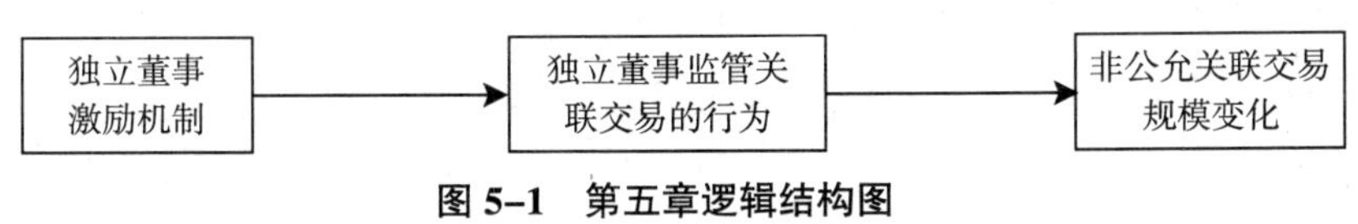

图 5-1　第五章逻辑结构图

第二节　关联交易的定义和分类

关联交易是公司治理中研究较多的问题之一，学者们对关联交易的看法不一，因此有必要对本书中的关联交易进行一定的定位和分类。

一、关联交易的定义

关联交易（related party transactions or connected transactions）在我国财政部于1997年5月22日颁布的《企业会计准则——关联方关系及其交易的披露》、《企业会计准则——关联方关系及其交易的披露》指南和2006年2月最新发布的《企业会计准则第36号——关联方披露》中，称之为“关联方交易”，“是指在关联方之间发生转移资源或义务的事项，而不论是否收取价款”。其中关联方是指“在企业财务和经营决策中，如果一方有能力直接或间接控制、共同控制另一方或对另一方施加重大影响，视为关联方；如果两方或多方同受一方控制也将其视为关联方。”上市公司关联交易，是指上市公司及其控股子公司与关联方之间的交易。在《香港联合交易所有限公司（证券）上市规则》中，使用的是“关连交易”（connected transaction）一词，指的是：①上市发行人或其附属公司与关连人士之间的任何交易；②上市发行人或其附属公司对某一家公司的权益的收购或变卖，而该被收购或变卖公司的主要股东，或为获提名为该上市发行人或其附属公司的董事、行政总裁或控股股东，或为该上市发行人或其附属公司的董事、行政总裁或控股股东的联系人。

从理论上讲，关联交易既有积极的作用，也有消极的作用。从积极的角度来看，制度经济学认为，关联交易可以将市场交易转变为公司集团的内部交易，从而减少交易过程中的信息成本、谈判成本，减少交易过程中的不确定性，因此有利于整个集团经济效率的提高。然而，现实经济生活中企业集团内部关联交易的发生除了出于减少交易成本的考虑以外往往还具有更多的动机，如利益输送、操纵利润、粉饰经营业绩等，虽然法律上规定了关联交易的双方是平等的，但在现实中却并不平等，一方对另一方往往拥有控制权或重大影响力，导致关联方可以轻易运用这种控制权，使关联交易违背等价有偿的商业准则，导致非公平交易的发生，进而损害公司及其他利益相关者的合法利益。

二、关联交易的分类

关联交易广泛地存在于我国上市公司的经营活动之中，不同的关联交易其

产生的原因和给上市公司及其股东带来的影响不尽相同，对于我国上市公司形式繁多、关系复杂的关联交易，可以从多种不同的角度对其进行分类，这样有助于加深我们对关联交易的认识。

1. 按照关联交易是否正当（公允）进行分类

关联交易可以分为正当的（公允的）关联交易和非正当的（非公允的）关联交易。如前所述，有的关联交易的发生是为了减少企业的交易成本、降低交易风险、获取规模经济效益，这类关联交易的发生不会损害交易中任何一方或是它们的股东的利益；而有的关联交易中的关联责任人滥用其对交易另一方的控制权或重大影响力，不按等价有偿的原则支付对价，从而损害公司及中小股东、债权人等利益相关者的合法利益，因此，在研究关联交易的时候，非常有必要对这两类关联交易进行区分。那么什么是正当的（公允的）关联交易，什么是非正当的（非公允的）关联交易呢？

就上市公司关联交易涉及到的利益主体而言，任何一笔关联交易都会涉及多个相关主体的利益，包括公司自身、交易对方、交易双方的股东、债权人、员工和国家等。不损害任何一方利益，而对各方均有好处的关联交易就属于正当的（公允的）关联交易；任何一方或多方受益，而其余各方虽不受益但也不受害的关联交易也属于正当的（公允的）关联交易；一部分利益主体受益而另一部分交易主体受害的关联交易就属于非正当的（非公允的）关联交易。就交易的定价方式而言，判断一项关联交易是否正当（公允）的标准，要看关联交易是否遵循了市场竞争原则，是否符合一般的商业条款。正当的（公允的）关联交易应以市场定价为依据，凡不以市场价格定价，特别是严重背离市场价格的关联交易则是非正当的（非公允的）关联交易。综合以上两种分析的角度，当一起关联交易是依据市场价格定价的时候，它自然不会损害个人和交易方的利益，至少对其中一个利益主体有益，也就是说，正当的（公允的）关联交易应该是可以达到帕累托最优的。反之，如果一起关联交易的定价严重背离市场价格，那么任何一个利益主体的受益必定是建立在其他主体利益受损的基础之上的，则这种关联交易是非正当的（非公允的）关联交易。因此以上两种分析的角度是相互统一、互为补充的。

2. 按照关联交易的表现形式分类

在 1997 年财政部颁布的《企业会计准则——关联方关系及其交易的披露》

第八条中，列举了 11 种关联交易的类型：①购买或销售商品。这是关联交易常见的交易事项，关联企业相互购买或销售商品是关联交易的主要形式。②购买或销售除商品以外的其他资产。如关联企业之间出售固定资产。③提供或接受劳务。如为关联企业专门提供设备维修的服务。④代理。指依据合同条款具有关联关系的一方企业为另一方企业代理某些事务，如代理销售货物等。⑤租赁。包括融资租赁和经营租赁。⑥提供资金（包括以现金或实物形式的贷款或权益性资金）。⑦担保和抵押。担保包括在借贷、买卖、货物运输、加工承揽等经济活动中，为了保障债权的实现而实行的保证、抵押。⑧管理方面的合同。在关联方企业之间或企业与个人之间签订管理企业或某一项目的合同。⑨研究与开发项目的转移。如企业所研究与开发的项目由于关联企业的需要而放弃或转移给其他企业。⑩许可协议。关联方之间达成许可协议，允许一方使用另一方的商标、专利等，从而形成关联方之间的交易。⑪关键管理人员报酬。指向关联企业的关键管理人员支付报酬。

在以上各种关联交易中，并不是所有的关联交易都会侵害其他利益主体的利益，不过由于控股股东通常主导公司经营，控股股东常常通过某些方式的关联交易来转移公司资源、侵害小股东利益。余明桂、夏新平（2004）研究发现，销售产品、担保、资金占用、应收款和资产重组等五类关联交易损害企业业绩，控股股东通过控制这五类损害企业绩效的关联交易，达到转移企业资源、侵害小股东利益的目的。因此，本书将重点讨论其中的三类关联行为：关联销售行为、上市公司为控股股东及其关联方提供担保或抵押的行为、控股股东及其关联方直接占用上市公司资金的行为。其中关联销售是最常见的利润操纵手段之一，其中目的多为转移利润或再融资。资金占用、关联抵押担保等行为会加大上市公司的财务风险，带来资金周转不畅、盈利能力下降等后果，损害上市公司和中小股东的利益。因此，这三种类型的关联交易能够基本代表大股东对中小股东利益的侵占情况。

第三节　主要假设

独立董事制度作为改进公司治理结构的重要举措，其职责是积极维护股东的利益，我国上市公司的特点决定了独立董事应该在制衡大股东和维护关联交易的质量方面发挥重要作用，进而真正保护广大中小投资者的利益。审查关联交易是独立董事的一项重要职权，我国在《关于在上市公司建立独立董事制度的指导意见》中规定，一旦公司与关联人达成的关联交易超过一定的比例或数额，必须由独立董事签字认可后方能生效。但是，独立董事在现实中是否起到了对上市公司的关联交易的抑制作用，以往的研究结论是不确定的。肖黎（2003）对我国上市证券交易市场 A 股上市公司进行研究，发现独立董事比例及其人数与公司业绩之间并没有明显相关关系。封思贤（2005）使用 2001~2002 年上市公司数据进行实证研究后发现：独立董事制度设立本身能够有效约束和减少上市公司为控股股东及其关联方提供担保和抵押现象的发生，但是却不能约束关联销售和关联方直接占用上市公司资金；随着独立董事在董事会中的比例越来越高，上市公司关联担保抵押、关联销售和关联方资金占用的数量却并没有显著减少。罗党论、唐清泉（2006）发现，独立董事比例与关联采购变化率和关联销售变化率都有显著的负相关关系，说明独立董事的比例对大股东的关联交易有显著的抑制作用。陈旭东、王锦华（2007）也发现，独立董事在董事会中所占比重越高，越能有效限制关联交易行为的发生，但不具有统计上的显著性。本书预测，独立董事数量的增加能够显著抑制上市公司关联交易的规模。

假设 1：独立董事的绝对数量与独立董事占董事会的比例与上市公司非公允关联交易规模显著负相关。

在我国当前的情况下，薪酬激励和声誉激励是对于独立董事的主要激励方式。从薪酬激励方式来看，我国独立董事的薪酬激励方式与国外独立董事的薪酬激励方式有着较大的区别。国外董事会多设有薪酬委员会，并且大多数采取固定报酬和股权激励报酬相结合的方式。早在 2000 年，美国董事协会公布的

董事薪酬调查报告中，就有大约三分之二的被调查公司采用了股票奖励和期权的方法。而我国独立董事的报酬主要为固定薪酬，目前还没有一个以股票期权形式支付独立董事薪酬的案例。一般而言，固定薪酬的激励作用不如股权激励的作用大。谭劲松（2003a）就指出，（固定）报酬激励会产生一个悖论：如果给的报酬少，不足以激励独立董事努力工作；如果给的报酬多，又会使独立董事不愿意放弃这份优厚的待遇而不愿对公司的事务发表反对意见。而股权激励使得独立董事的薪酬与企业的业绩相关性大大增强，能够很大程度上克服这一固定报酬激励带来的悖论。刘建民（2007）通过实证研究发现，报酬对关联交易规模没有抑制作用。我国上市公司独立董事的固定薪酬数量和上市公司的关联交易规模之间可能存在负相关关系，也就是说，薪酬水平越高，就越能够激励独立董事努力工作，上市公司的非公允关联交易也就会越少。因此得到：

假设 2：独立董事的薪酬与上市公司非公允关联交易的数量显著负相关。

然而，也有可能出现相反的情况，即当前情况下我国独立董事的固定薪酬与关联交易之间也有可能存在着正相关的关系。蒋义宏、吴志刚（2004）通过实证研究发现，独立董事个人利益与控股股东利益不存在关联性的假设在事实上被拒绝，上市公司的关联交易频率越高，控股股东通过关联交易谋取不正当利益的机会越多，独立董事的否决权对控股股东不正当利益的潜在威胁就越大，控股股东为了收买独立董事的否决权，制定的独立董事津贴标准就越高。从独立董事的角度来看，关联交易的规模越大，担任独立董事所要承担的个人风险就越大，因此要求的风险补偿也就越高。也就是说，如果独立董事的固定薪酬与上市公司关联交易之间也有可能存在正相关关系。那么作出以下补充假设：

假设 3：独立董事的薪酬与上市公司非公允关联交易的数量显著正相关。

独立董事的声誉激励一直是独立董事制度设计的核心因素。Fama and Jensen（1983）早在 1983 年就提出了著名的声誉假说：独立董事有动机去提高其作为决策专家及监督专家的声誉。他们认为，执行权和控制权的分离使得外部董事有动机不与管理层勾结去滥用剩余控制权，所有的外部董事要么是其他公司的管理人员，要么是其他组织的主要决策者，他们的人力资本主要表现在他们在那些公司或组织作为内部决策者的价值，他们担当外部董事只是为了给那些公司和组织的内部和外部市场以这样的信号：①他们是决策专家；②他们

理解决策控制权分散的重要性；③他们能够胜任这一决策控制系统。即使在直接支付给外部董事的报酬很少的情况下这一信号机制仍然能够起作用，这就是外部董事为什么要努力承担其职责的原因。如果公司的内部决策系统崩溃或者公司因此最后不得不被接管，那么作为外部董事的人力资本就会大大贬值。William 和 Brown（1996）也认为，对于独立董事的约束主要来自于外部的高度发育的声誉市场，其薪酬也是通过外部声誉市场机制，以独立董事监督者和专业咨询建议人绩效来得到最终确认的。Steven N. Kaplan and David Reishus（1990）、Gilson（1990）、李惠眉（2000）和 Harford（2003）、Yermack（2004）等许多学者利用美国独立董事市场的数据从不同角度证明了独立董事声誉激励机制的存在及其有效作用。然而，声誉激励最终是通过独立董事市场的有效运作来给独立董事以报酬的，也就是说，按照 Fama and Jensen（1983）的声誉理论，表现好的独立董事会在劳动力市场上拥有更高的声誉，从而会得到更多的聘任机会并因此而拥有更多的新职位，并从中得到更多的利益。因此一家上市公司所拥有的独立董事平均拥有的职位越多，说明这家公司所聘请的独立董事的平均声誉水平较高，也就是说，他们更为有效地维护了公司股东的利益，所以他们所任职的公司的治理水平也应该是较高的，关联交易应该更少。独立董事平均拥有的职位数量与关联交易之间应该存在负向的相关关系；反之，如果劳动力市场失效，则不能够区分出独立董事在监管工作中的表现，或者区分出了独立董事的工作表现以后没有给认真履行职责的独立董事以奖励，那么独立董事市场就不能产生有效的声誉激励机制，独立董事拥有的职位数量与他所任职的公司的治理水平也就不存在相关关系。根据 Fama and Jensen 所提出的“声誉理论”，我们假设由独立董事劳动力市场产生的声誉激励机制能够有效地促使独立董事加强对关联交易的监管职责。因此提出假设：

假设 4：上市公司的独立董事所拥有的平均职位数量越多，那么这家上市公司的关联交易规模应当越小。

第四节　研究变量

一、关联交易变量

模型的被解释变量是上市公司所发生的关联交易总体规模以及分类别的非公允关联交易的规模。除了考察自变量对年度发生的关联交易总金额的影响以外，主要考察三类非公允关联交易：①上市公司向关联方销售商品（劳务）占年度总销售商品（劳务）的比例。②上市公司向关联方提供担保和抵押占上市公司总资产的比例。③上市公司向关联方提供资金（包括以现金或实物形式的贷款或权益性资金）占上市公司总资产的比例；考察这三种类型的非公允关联交易的规模如何受到独立董事、股权结构、公司治理水平、规模等因素的影响。

二、独立董事变量

首先，独立董事们可能通过各种可观察和不可观察的方式影响企业的关联交易，因此模型中放入了独立董事的绝对数量以及独立董事占董事会的比例变量，以考察独立董事数量的增长对企业关联交易所产生的影响。以往的文献对于独立董事的绝对数量和独立董事占董事会的比例对关联交易的影响的研究并没有得出一致的结论。这可能是因为，我国独立董事制度的设定具有政策的强迫性，绝大多数上市公司的独立董事比例为证监会要求的三分之一，数量也多为三名左右，因此在统计上难以衡量其真实的影响作用。另外，模型中还加入了董事会会议次数变量，代表独立董事为决策监管所付出的劳动；当独立董事为上市公司的治理付出了更多的时间和精力的时候，关联交易的规模可能会下降。

其次，为了考察独立董事的薪酬激励的影响，模型中放入了独立董事年度报酬的对数这一自变量，以考察独立董事的薪酬是否能够激励独立董事对关联

交易的监管。独立董事的薪酬变量的取值是包括独立董事津贴在内的独立董事的年度总报酬。

最后，为了考察独立董事的声誉激励的影响，模型中放入了代表独立董事市场声誉水平的变量，即上市公司的独立董事所平均拥有的职位数量，这一变量能够代表该上市公司独立董事所拥有的平均市场声誉水平。如果 Fama（1980）、Fama and Jense（1983）所提出的“声誉假设”成立的话，那么独立董事工作越努力，则公司治理水平越高，关联交易规模越小，独立董事在市场上声誉也越高，所拥有的任职机会也就越多。因此，如果独立董事的任职数量与所任职公司的关联交易负相关，说明声誉激励能够促使独立董事更加有效地监管以关联交易为代表的上市公司大股东的利益“侵占”行为。反之，则说明市场声誉机制难以激励独立董事加强对关联交易的监管。

三、股权结构变量

模型中放入了第一大股东持股比例和前五大股东持股比例变量，以衡量股权结构对于关联交易规模的影响。从理论上说，当控股股东的股权份额在一定比例之内时，控股股东持股比例越高，享有的控制权也会越高，其通过关联交易从上市公司转移利益的能力应该越强，但是当控股比例继续升高时，由于控股股东从“掏空”中得到的收益趋于减少，进行“掏空”的动机也可能会减少。孟焰、张秀梅（2006）发现，股权集中度与关联方利益转移的关系存在年度差异，关系较为复杂。但封思贤（2005）发现，大股东的持股比例越高，关联交易越容易发生。本书认为股权结构变量与关联交易规模之间的相关关系尚无法预测。

四、公司治理变量

模型中放入了表示第一大股东与第二大股东股权比例的 Z 指数变量，以表示上市公司的股权集中度对于关联交易规模的影响。如果其他大股东特别是第二大股东与第一大股东比起来股权份额较小，对于控股股东来说牵制力量不强，那么控股股东进行关联交易的动机也会越强，预测 Z 指数与关联交易规模

显著负相关。模型还考虑了董事长和总经理是否两职合一的变量以及董事会规模的变量。在董事长和总经理两职合一的情况下，信息不对称和对管理层的监督成本较大，容易造成严重的内部人控制问题，因此会导致更多的关联交易。陈旭东、王锦华（2007）对2005年深圳证券交易所上市的337家A股制造业上市公司进行研究发现，董事长和总经理是同一人更促进了关联交易行为的发生。封思贤（2005）则发现，董事长和总经理两职合一的上市公司更容易发生上市公司为控股股东及其关联方提供担保和抵押的现象。同时，较大的董事会规模往往具有较弱的监督，因此，预测董事会人数与关联交易规模显著正相关。

五、其他的控制变量

上市公司的资产规模越大，公司的业绩越好，供关联方转移的资源越多，关联方利益转移的程度应该越高。本书采用公司会计指标，即净资产收益率（ROE）来衡量公司的绩效，预测其与关联交易规模显著正相关。另外，企业的资产负债率越高，债权人对于上市公司的监督力量可能就越大，因此预测公司的资产负债率与关联交易的规模显著负相关。

第五节　模型设计

为了实现以上研究假设，设计了如下实证模型：

$$\text{Relate}_i = a_0 + a_1\text{Poi} + a_2\text{Meet} + a_3\text{Lnpay} + a_4\text{Pos} + a_5\text{No1} + a_6\text{Z} + a_7\text{Dual} + a_8\text{Roe} + a_9\text{Lnasset} + a_{10}\text{Debt} + a_{11}\text{Dir} + a_{12}\text{Control} + \varepsilon$$

其中，Relate_i，$i = 1, 2, 3, 4$，分别指关联交易总金额的自然对数Lnrelate，关联销售规模Assosale，关联担保和抵押规模Assoguar，关联方资金占用规模Assocapi。所有变量的定义如表5-1所示。

表 5-1　变量的定义

	变　量	符号	定　　义
因变量	关联交易金额	Lnrelate	上市公司当年发生的关联交易总金额取自然对数
	关联销售规模	Assosale	上市公司向关联方销售商品（劳务）占年度总销售商品（劳务）的比例
	关联担保和抵押规模	Assoguar	上市公司向关联方提供担保和抵押占上市公司总资产的比例
	关联方资金占用规模	Assocapi	上市公司向关联方提供资金（包括以现金或实物形式的贷款或权益性资金）占上市公司总资产的比例
解释变量	独立董事数量	Lnnoi	独立董事的绝对数量取自然对数
	独立董事比例	Poi	独立董事在董事会中所占的比例
	独立董事年度薪酬	Lnpay	独立董事年度报酬总额取自然对数
	独立董事拥有的职位数	Pos	该公司独立董事当年拥有独立董事职位的平均数
	董事会会议次数	Meet	独立董事亲自参加董事会会议的次数
控制变量	第一大股东持股比例	No1	第一大股东持股比例
	前五大股东持股比例	Cr5	前五大股东持股比例之和
	Z 指数	Z	股权结构系数，指公司第一大股东与第二大股东持股比例的比值
	两职合一状况	Dual	若董事长和总经理两职合一则取 1，否则取 0
	公司业绩	Roe	净资产收益率
	资产规模	Lnasset	资产规模取自然对数
	资产负债率	Debt	总负债除以总资产
	董事会规模	Dir	董事会的董事总人数
	是否国有控股	Control	如果为国有控股取 1，否则取 0

第六节　样本的选择与描述

本回归选取了 2004 年和 2005 年在深圳和上海交易所上市的 A 股所有上市公司为研究样本，运用横截面数据分析公司独立董事与关联交易规模、关联销售规模、关联抵押和担保规模、关联方资金占用规模之间的关系（见表 5-2）。为了保证数据的有效性，尽量消除异常样本对研究结论的影响，我们剔除了样本中没有发生关联交易的公司、关联交易规模异常的公司和绩效异常的公司（公司净资产收益率大于 60%和小于-60%）后，分别得到 2004 年样本 1301 家，2005 年样本 1279 家，两年合计 2580 家，作为最终研究样本。本回归的数据来源于色诺芬（CCER）数据库，但由于色诺芬数据库缺失 2004 年独立董事津贴数据，因此从国泰安（CSMAR）数据库提取了相关数据进行补充。

表 5-2 各变量的描述性统计

变量	N	最小值	最大值	平均值	2004 年均值	2005 年均值	增长比率（%）
Lnrelate	2409	0.00	28.11	18.7004	18.60	18.8022	1.09
Assoguar	2560	0.00	8.69	0.0314	0.0297	0.0332	11.78
Assocapi	2560	0.00	1.95	0.0057	0.0043	0.0071	65.12
Assosale	2557	0.00	11.47	0.0659	0.0632	0.0687	8.70
Noi	2580	0.00	8.00	3.3151	3.3151	3.3151	0.00
Poi	2580	0.00	0.60	0.3405	0.3381	0.3430	1.45
Meet	2579	2.00	32.00	7.4056	7.3344	7.4781	1.96
Pos	2532	1.00	5.00	1.6551	1.6684	1.6415	-1.61
No1	2577	0.01	0.85	0.4141	0.4191	0.4090	-2.41
Cr5	2578	0.05	0.96	0.5818	0.5867	0.5769	-1.67
Z	2573	1.00	1002.99	35.9598	39.0982	32.7746	-16.17
Dual	2547	0.00	1.00	0.1123	0.1154	0.1091	-5.46
Dir	2580	4.00	20.00	9.7977	9.8663	9.7279	-1.40
Roe	2559	-0.57	0.56	0.0062	0.0092	0.0031	-66.30
Debt	2560	0.02	19.87	0.5372	0.5640	0.5100	-9.57
Control	2580	0.00	1.00	0.7190	0.7102	0.7279	1.09

从样本数据的描述性统计可以看出，2004 年和 2005 年期间关联销售占年度销售总收入的比重平均达到 6.59%，关联抵押与担保占总资产的比重为 3.14%，关联企业占用资金占总资产的比重为 0.57%，包括关联交易总金额在内的代表关联交易规模的四个变量在 2004~2005 年期间均有所增长，尤其是关联资金占用增长达到了 65.12%之多。说明从 2004 年到 2005 年，我国上市公司的关联交易规模有所扩大。

从独立董事的数量和独立董事占董事会的比例来看，样本中每家上市公司平均拥有的独立董事人数为 3.3151 人次，独立董事占董事会的比例为 34.05%，其中 2005 年比 2004 年略有增长。我国独立董事平均拥有的独立董事职位数量为 1.66，说明我国独立董事在多家上市公司兼任的现象比较普遍。兼职最多的独立董事在 5 家上市公司同时任职，由于我国证监会颁布的《关于在上市公司建立独立董事制度的指导意见》规定独立董事原则上最多在 5 家上市公司兼任独立董事，这部分独立董事已经达到兼职数量的上限。

从样本公司的股权结构和公司治理情况来看，国有控股公司达到 71.90%，控股股东的平均持股比例为 41.41%，其中最高为 85%，前五大股东持股比例

平均为58.18%，说明我国上市公司的大股东的控制是很强的。全部样本公司第一大股东与第二大股东的持股比例的比值为近36倍，在剔除了上下5%的极值之后仍然达到近19倍，说明大部分上市公司的股权结构集中，并且集中在第一大股东的现象非常明显。值得注意的是，股权集中的程度在2005年比2004年略有下降。样本公司中董事长和总经理两职合一的比率为11.23%，董事会的规模最少的为4人，最多的为20人，平均值为9.80人。

在剔除了净资产收益率出现异常值的公司以后，样本公司中的净资产收益率平均为0.62%，2005年上市公司的平均业绩相比2004年有很大的下滑，降幅达到66.30%。相对应的是同一期间内关联交易的规模却在增加。

第七节 实证研究结果

一、变量之间的相关性关系

对各变量之间的相关性进行描述性统计的结果表明，各自变量之间并不存在严重的多重共线性问题。独立董事的薪酬、独立董事拥有的职位数、股权集中度、董事会的规模、企业的业绩等自变量与关联交易的规模显著正相关。所有变量之间的Pearson相关系数见表5-3。

二、实证结果与分析

实证模型回归的结果见表5-4。从表中可以看出，独立董事占董事会的比例与关联交易规模、关联销售和关联企业资金占用没有显著的相关关系，说明独立董事对于抑制企业的关联交易金额、关联销售以及关联企业资金占用并没有显著的作用，但是独立董事比例与关联抵押与担保存在显著的负相关关系，说明独立董事在董事会中比例的增加对于抑制关联抵押与担保有一定的作用。以上结果与封思贤（2005）使用2001~2002年的数据进行研究的结果是一致

表 5-3　主要变量的 Pearson 相关系数

	Lnrelate	Assoguar	Assocapi	Assosale	Poi	Meet	Lnpay	Pos	Cr5	Z	Dual	Dir	Roe	Lnasset
Lnrelate	1													
Assoguar	0.124***	1												
Assocapi	0.088***	0.012	1											
Assosale	0.194***	-0.011	0.003	1										
Poi	-0.012	-0.090***	0.001	-0.025	1									
Meet	0.020	0.002	0.031	-0.040*	0.039*	1								
Lnpay	0.093***	0.052	0.072***	-0.028	0.005	0.084***	1							
Pos	0.065***	0.017	-0.015	0.004	-0.001	0.009	0.198***	1						
Cr5	0.137***	-0.074***	0.006	0.082***	-0.005	-0.053	0.041*	-0.026	1					
Z	0.137***	-0.016	-0.006	0.133***	0.005	-0.017	-0.024	-0.006	0.172***	1				
Dual	-0.092***	-0.013	-0.008	0.002	0.033	-0.040*	0.008	-0.057**	-0.040	-0.020	1			
Dir	0.123***	0.099***	0.031	0.025	-0.179***	-0.010	0.078***	-0.016	0.068***	-0.067***	-0.034	1		
Roe	0.109***	-0.016	0.003	-0.010	0.032	-0.065***	0.113***	0.066***	0.130***	0.004	-0.033	0.034	1	
Lnasset	0.021	-0.107***	-0.054	-0.041*	0.013	0.001	-0.017	-0.021	0.038*	0.056*	-0.011	0.002	-0.012	1
Debt	0.037*	-0.001	0.004	0.010	-0.001	0.002	0.024	0.026	-0.008	0.090***	-0.005	0.039	0.014	0.03

注："***"、"**"、"*" 分别表示显著性水平为 1%、5%和 10%。

表 5-4 实证模型回归结果

		Lnrelate		Assoguar		Assocapi		Assosale	
C	系数	-1.87*	-1.968*	0.344**	0.357**	-0.029	-0.032	0.489**	0.558**
	sig	(0.098)	(0.087)	(0.037)	(0.030)	(0.502)	(0.447)	(0.033)	(0.014)
Poi	系数	-0.21	-0.377	-0.351***	-0.354***	0.004	0.005	-0.093	-0.102
	sig	(0.805)	(0.663)	(0.002)	(0.001)	(0.885)	(0.863)	(0.548)	(0.507)
Meet	系数	0.001	-0.003	0.000	0.000	0.000	0.000	-0.004*	-0.004*
	sig	(0.958)	(0.818)	(0.994)	(0.982)	(0.309)	(0.291)	(0.088)	(0.077)
Lnpay	系数	-0.187**	-0.223**	0.024**	0.024**	0.009***	0.009***	-0.017	-0.016
	sig	(0.032)	(0.012)	(0.033)	(0.032)	(0.001)	(0.001)	(0.275)	(0.303)
Pos	系数	0.064	0.068	0.002	0.002	-0.003	-0.003	0.004	0.005
	sig	(0.315)	(0.296)	(0.802)	(0.793)	(0.180)	(0.179)	(0.766)	(0.699)
No1	系数	2.502***			-0.052		0.015*	0.224***	
	sig	(0.000)			(0.133)		(0.086)	(0.000)	
Z	系数		0.002***	0.000		0.000			0.001***
	sig		(0.000)	(0.737)		(0.861)			(0.000)
Dual	系数	-0.343***	-0.381***	-0.009	-0.010	-0.003	-0.002	0.004	0.002
	sig	(0.008)	(0.004)	(0.607)	(0.557)	(0.558)	(0.617)	(0.863)	(0.946)
Dir	系数	0.038*	0.025	0.010***	0.009***	0.001	0.001	0.005	0.005
	sig	(0.057)	(0.214)	(0.000)	(0.000)	(0.210)	(0.171)	(0.186)	(0.138)
Roe	系数	0.362	1.200*	-0.065	-0.048	0.000	-0.005	-0.135	-0.060
	sig	(0.593)	(0.079)	(0.448)	(0.576)	(0.997)	(0.832)	(0.256)	(0.609)
Lnasset	系数	1.000***	1.072***	-0.026***	-0.025***	-0.003**	-0.003**	-0.015**	-0.016**
	sig	(0.000)	(0.000)	(0.000)	(0.000)	(0.013)	(0.011)	(0.034)	(0.028)
Debt	系数	0.079	0.052	0.000	0.000	0.000	0.000	0.005	-0.001
	sig	(0.121)	(0.323)	(0.972)	(0.944)	(0.888)	(0.870)	(0.631)	(0.946)
Control	系数	-0.288***	-0.119	0.010	0.015	-0.002	-0.004	-0.008	-0.001
	sig	(0.003)	(0.217)	(0.443)	(0.239)	(0.534)	(0.266)	(0.635)	(0.974)
R-square		0.27	0.25	0.03	0.03	0.01	0.01	0.01	0.02

注：其中“***”、“**”、“*”分别表示显著性水平为 1%、5%和 10%。

的。封思贤（2005）认为，这可能是因为关联抵押与担保这种方式与关联交易其他方式存在一些区别，在控股股东能够直接占用上市公司资金的时候，就没有必要通过上市公司担保和抵押来为自己举债，但当控股股东无法直接占用上市公司资金时，情况会相反。因此从总体来看，独立董事在董事会中比例的增加并没有对关联交易起到抑制作用。董事会会议次数与关联交易相关变量均不存在显著的相关关系，说明独立董事更多地参加董事会也不能够对关联交易起到抑制的作用。关联交易的发生有着更为深层的利益动机和需求，并非通过多召开董事会就能够被遏制。

回归的结果显示，独立董事的薪酬的作用是复杂的。一方面，独立董事的固定薪酬水平与上市公司关联交易的总体规模存在显著的负相关关系，说明薪酬可能对于独立董事具有一定的激励作用；但另一方面，独立董事的薪酬又与关联抵押与担保的规模、关联企业资金占用的规模存在显著的正相关关系，这说明独立董事对上市公司关联交易的监督权可能构成了对控股股东不正当利益的潜在威胁，关联交易的规模越大，则独立董事监督权对控股股东不正当利益的潜在威胁就越大，控股股东为了收买独立董事的监督权，制定的独立董事津贴标准就越高，造成独立董事的薪酬与关联交易的规模正相关；另外，回归结果还显示独立董事的薪酬与企业关联销售的规模没有显著的相关关系。以上结果说明，薪酬激励对于独立董事的作用并不明确，还不能肯定薪酬机制对于独立董事存在显著的激励作用。蒋义宏、吴志刚（2004）利用 2001~2002 年在上海证券交易所上市的公司数据进行实证研究发现，在我国现行的由董事会制定独立董事薪酬标准并经股东大会审议的制度安排下，控股股东有可能授意董事会制定符合其偏好的独立董事薪酬预案，并在股东大会上通过，因此独立董事个人利益与控股股东利益不存在关联性的假设在事实上被拒绝。本书的回归结果也表明，我国现行的独立董事薪酬的制定方式可能存在制度性的缺陷，使得控股股东存在收买独立董事意见的动机。当然，收买与被收买之间并无逻辑上的必然性，因此也不能够得出独立董事被控股股东收买的结论。

在声誉激励方面，上市公司独立董事在当年平均拥有的独立董事职位数量与上市公司关联交易总体规模、关联抵押与担保、关联资金占用以及关联销售之间均不存在显著的相关关系。按照 Fama and Jensen（1983）提出的“声誉假设”及其他学者对于声誉理论的实证研究，独立董事会受到来自于独立董事市

场的声誉激励；如果独立董事努力工作，他的市场声誉就会提高，就会有更多的公司聘请他做独立董事。因此，拥有的职位数量越多、市场声誉越高，说明独立董事的工作能力越强，其所任职的公司的治理水平也应该越高，关联交易也就应该越少。然而本实证研究的结果与“声誉假设”的推断并不相符。这说明我国独立董事改善公司治理的工作成效与他们的市场声誉之间没有必然的关系，拥有较多职位数量、享有高市场声誉的独立董事在关联交易监管中的表现并不一定比其他独立董事更出色。这可能是由于大股东直接干预了独立董事的选聘过程，倾向于聘请对关联交易监管并不严格的独立董事以便于“侵占”中小股东利益的行为，造成监管能力强的独立董事得不到更多聘任机会，市场声誉激励机制不能有效地发挥作用。也就是说，Fama and Jensn（1983）所描述的、被视为独立董事制度核心的、由独立董事市场所提供的声誉激励机制，对于我国独立董事可能并不存在。既然市场声誉与工作成效不存在相关关系，那么独立董事就会失去工作的动力，“干好干坏一个样”，甚至“干得好”还不如“干得不好”。这也能够部分地解释模型中独立董事的比例对于关联交易的规模并没有显著的相关关系，因为在缺乏激励的情况下，单纯地提高独立董事在董事会中的绝对数量和相对数量，难以起到期望的效果。

第八节　模型的稳健性检验

为了检验模型回归结果的稳健性，用独立董事数量的自然对数代替独立董事占董事会的比例，用前五大股东控股比例之和代替第一大股东控股比例进行回归，得到的结果见表 5–5。其中各自变量的系数及其显著性与模型的回归结果基本一致，显示模型有着较好的稳健性。

表 5–5　稳健性检验

		RELATED	Assoguar	Assocapi	Assosale
C	系数	−2.548**	−0.591***	−0.144***	−0.043
	sig	(0.022)	(0.000)	(0.000)	(0.829)
Lnnoi	系数	−0.465	−0.253***	−0.001	−0.033
	sig	(0.123)	(0.000)	(0.909)	(0.540)

续表

		RELATED	Assoguar	Assocapi	Assosale
Meet	系数	-0.002	-0.001	0.000	-0.004*
	sig	(0.872)	(0.707)	(0.373)	(0.077)
Lnpay	系数	-0.225**	0.016	0.008***	-0.024
	sig	(0.011)	(0.167)	(0.009)	(0.136)
Pos	系数	0.085	0.001	-0.003	0.006
	sig	(0.193)	(0.860)	(0.186)	(0.596)
Cr5	系数	1.177***	-0.158***	0.002	0.170***
	sig	(0.000)	(0.000)	(0.889)	(0.003)
Z	系数	0.002***	0.000	0.000	0.000***
	sig	(0.000)	(0.690)	(0.924)	(0.000)
Dual	系数	-0.370***	-0.007	-0.002	0.006
	sig	(0.005)	(0.699)	(0.655)	(0.804)
Dir	系数	0.064*	0.031***	0.001	0.007
	sig	(0.051)	(0.000)	(0.574)	(0.232)
Roe	系数	0.920	-0.061	-0.005	-0.114
	sig	(0.179)	(0.475)	(0.815)	(0.339)
Lnasset	系数	1.070***	0.026***	0.003**	0.012
	sig	(0.000)	(0.000)	(0.039)	(0.155)
Debt	系数	0.056	-0.002	0.000	-0.001
	sig	(0.279)	(0.780)	(0.932)	(0.950)
Control	系数	-0.165*	0.005	-0.003	-0.012
	sig	(0.088)	(0.708)	(0.292)	(0.479)
R-square		0.26	0.04	0.01	0.03

注：其中“***”、“**”、“*”分别表示显著性水平为 1%、5%和 10%。

小 结

本章通过研究独立董事的报酬、声誉激励以及独立董事的绝对数量、相对数量等因素对于上市公司关联交易规模的影响，发现我国目前的独立董事市场并没有为独立董事抑制关联交易提供有效的声誉激励；同时，独立董事固定薪酬的激励作用也并不明确。在缺乏对独立董事的有效激励的情况下，单纯地提高独立董事在董事会中的绝对数量和相对数量，并不能有效地减少上市公司关联交易的总体水平。

声誉激励本应是独立董事制度设计的核心，也是解决独立董事与股东之间

代理问题的关键，然而，由于我国不合理的股权结构及其带来的大股东控制问题，独立董事的市场声誉无法准确地反映独立董事的工作能力和工作的努力程度，因此也难以提供有效的声誉激励机制。Fama and Jensen（1983）所设想的独立董事“声誉假设”对于我国的独立董事可能并不成立。由此可见，造成我国上市公司关联交易一直无法根治的症结仍然在于不合理的股权结构。虽然我国的证券监管部门在上市公司引入了独立董事制度并多次强调独立董事对于关联交易的监管职能，但是，在集中型股权结构下生存和发展的独立董事对于制度环境产生了适应性的变化，难以实现其应有的决策监督的功能。

第六章　独立董事声誉激励与独立董事辞职行为

从独立董事制度在我国正式实施以来，独立董事辞职现象就不断发生，近年来更是成为一个越来越常见的现象。独立董事更迭本来是一种正常的组织现象，特别是出于董事会换届、所负责业务与该公司业务关联、个人年龄、健康等原因而发生的独立董事更迭本来并不体现公司在治理当中的问题，但是从我国上市公司治理的背景和我国引入独立董事制度后独立董事辞职的实际情况来看则不然。独立董事在产生之初就肩负保护中小股东利益的职能，然而由于目前我国独立董事的选聘仍然由大股东实际控制，独立董事与大股东之间存在密切的联系，难以发挥监督的功能，因而在上市公司存在某些风险而独立董事凭借个人的力量又无法改变的情况下，独立董事出于对自己声誉的珍视，只好提出辞职。中国证监会在《关于在上市公司建立独立董事制度的指导意见》中对于独立董事的辞职是这样规定的，“独立董事辞职应向董事会提交书面辞职报告，对任何与其辞职有关或其认为有必要引起公司股东和债权人注意的情况进行说明”。表 6-1 显示了上市公司年报所披露的独立董事辞职的具体原因，在 2004 年和 2005 年我国沪、深两市上市公司辞职的独立董事中，由于工作原因辞职的和未披露辞职原因辞职的占了绝大多数，健康不佳、出国等也是部分独立董事辞职的原因。然而，在以含蓄和隐讳为特征的东方文化中，这些原因未必就是独立董事辞职的真实原因。我国的独立董事辞职现象有着更深的公司治理问题的背景。本章将从考察独立董事辞职的影响因素出发，探讨独立董事声誉激励在独立董事的辞职选择中发挥的作用。

表 6-1 2004 年、2005 年我国沪、深两市独立董事辞职公开披露的原因统计表

辞职原因	上海证券交易所上市公司				深圳证券交易所上市公司			
	2004 年		2005 年		2004 年		2005 年	
	人数	占比	人数	占比	人数	占比	人数	占比
未披露	27	27.84%	35	38.46%	32	53.33%	28	59.57%
工作	45	46.39%	32	35.16%	23	38.33%	16	34.04%
健康	4	4.12%	8	8.79%	4	6.67%	2	4.26%
控股股东	4	4.12%	2	2.20%	0	0.00%	0	0.00%
独立资格	7	7.22%	5	5.49%	0	0.00%	1	2.13%
单位规定	7	7.22%	7	7.69%	1	1.67%	0	0.00%
出国	3	3.09%	2	2.20%	0	0.00%	0	0.00%
合计	97	100.00%	91	100.00%	60	100.00%	47	100.00%

注：数据来源于上市公司年报，经过作者的手工整理获得。

第一节 理论背景与理论框架

一、声誉假设与辞职行为

独立董事的辞职行为可以用声誉理论来进行解释。传统的公司治理理论将董事会置于公司治理的核心位置，而董事会中由于利益的超然而处于相对独立地位的外部独立董事则更是被寄予厚望。独立董事为何能够担当起公司治理的重任？Fama and Jensen（1983）提出的“声誉假设”指出，即使在直接支付给外部董事的报酬很少的情况下，外部独立董事也会为了维护他们的专家声誉而不与管理层合谋，这就是外部董事为什么要努力承担其职责的原因。更有学者认为，由于独立董事的薪酬也是通过独立董事的声誉市场得以确认的，所以独立董事履行职责的主要约束和动力来自于外部高度发育的声誉市场（William and Brown，1996），也就是说，独立董事的工作动力主要来自于声誉激励。他们的观点为独立董事制度的实施奠定了理论的基础。然而，理论界对于独立董事的有效性问题一直存在争议。Mace（1971）、Nader et al.（1976）等多位学者的研究都表明，在许多公司，独立董事往往因为受控于内部董事而不能够积极地提出自己的意见。Mace（1971）通过问卷调查发现，在公司可能出现危机的情况下，大多数董事倾向于选择辞职来保护他们自己的声誉，而不是去挑战公司的管理层；而且他还发现，那些选择挑战公司管理者的独立董事最后往往被迫以辞职告终。William and Michael（1996）的实证研究则发现，在一段时间内发生了较多的独立董事辞职变更行为的公司，其业绩表现往往比竞争对手差。他们发现，辞职给独立董事所带来的个人成本往往很小，在大多数情况下独立董事通过辞职就可以使自己远离管理混乱的公司以保护他本人的声誉不受到损害，因此只有在独立董事的辞职的成本很高的时候才能指望独立董事挑战管理层。Jensen（1989，1993）也承认，由于受到所谓的董事会文化的影响，以董事会为代表的公司内部控制系统往往并不能够有效地保护股东的利益。Jensen（1993）甚至认为，即使独立董事有能力改变管理层的决定，强调礼貌和谦逊的董事会文化也会使得独立董事考虑辞职以避免矛盾的公开化。

以上学者的研究不得不使得人们对于独立董事能够有效地改善公司治理这一问题进行重新的、全面的思考。Fama 和 Jensen 最初提出的独立董事“声誉假设”也许只是看到了问题的一个方面，即独立董事作为专业知名人士的确会较普通人更为珍视自己的声誉，但这并不能保证独立董事能够积极地作出改善公司治理的努力，也不能保证独立董事制度一定能够发挥作用。当独立董事觉得难以改变管理层决定，或是权衡利弊觉得没有必要与管理层对抗，或是虽然提出了不同意见但难以得到采纳的时候，他们只能通过辞职的方式来保护自己的声誉不受问题公司的影响。因此，辞职是独立董事保护自己声誉的一种简单而有效的方式。独立董事辞职现象的发生与“声誉假设”并不矛盾，而是声誉机制发挥作用的一种方式。

反观我国独立董事制度的实施情况，不难发现，虽然我国独立董事制度正式实施的时间才只有短短五六年，但独立董事辞职现象在我国的上市公司中并不少见，且近来还有愈演愈烈之势。从一些典型的个案来看，一部分独立董事退出行为背后更是隐藏着各种深层次的信息。如乐山电力两位独立董事聘请会计师事务所作专项审计，并发表了独立意见称乐山电力违规担保情况严重，而审计结果尚未完全公布，两位独立董事便提出了辞职，原因是“起不到什么作用，所以只好选择离开……该做得都做了”，等等。又如伊利股份的两位独立董事提出对公司国债投资聘请独立审计机构进行全面审计的要求后，伊利股份

即以关联交易使得独立董事失去了继续任职的资格为名对其中一位提起罢免程序，另一独立董事随即提出辞去独立董事职务的请求，并表示自己感觉在伊利股份担任独立董事风险太大。窥一斑可见全豹，从这些典型的案例中不难感觉到，我国独立董事辞职往往与我国“一股独大”的股权结构背景下大股东对小股东的利益侵占有关。而从国外学者对于独立董事辞职现象的研究不难看出，国外独立董事辞职的原因往往是，因为被内部董事所控制的“董事会文化”，使得独立董事难以发出自己的声音。在这一点上，中西方独立董事辞职的动机存在一定的区别，但又有一定的类似之处，即都是在公司出现一定问题的时候，独立董事由于某些原因无法履行职责，为了维护自身的声誉而选择了辞职。我国上市公司引入独立董事的原因很大程度上是为了制约大股东的侵占行为，保护小股东的利益（见中国证监会《关于在上市公司建立独立董事制度的指导意见》），而独立董事们正是在感到自己无力完成这样的重任的时候，出于维护自身声誉的考虑才提出辞职。因此，我国独立董事的辞职行为符合 Fama and Jensen（1983）所提出的“声誉假设”，是独立董事在声誉激励下的理性选择。

二、风险感知力理论与辞职行为

除了声誉理论之外，也有学者用风险感知力理论从独立董事的背景与心理的角度来解释独立董事的辞职选择。独立董事的任职过程中常常面临许多风险，由于独立董事大多身兼数职，很可能由于事务繁忙而较少关心公司事务；同时，管理层往往出于逃避监督的需要刻意隐瞒公司日常经营的信息，导致董事会与管理层之间的信息不对称，独立董事对风险的感知滞后。例如，公司财务作假被发现、公司的违规行为被证券监管部门处理和批评、公司的控股股东通过关联交易侵犯其他股东的利益、公司因为侵权而被提起诉讼等。一旦这些风险变成现实，会对独立董事的职业声誉造成不良的影响。因此，独立董事在对这些风险做出评价之后，为了避免自己的声誉损失，就有可能选择辞职以避免自己与丑闻公司产生联系。唐清泉、罗党论（2007）提出，独立董事辞职的根本原因是为了避免可能承担的风险。而每一个上市公司的风险并不相同，不同独立董事由于性格、年龄、专业背景等个人特征的不同，对于同一风险的感

知力也不相同，因此，即使面临同一风险，不同的独立董事也会作出辞职或是留任的不同选择。Hirschman（1970）曾经提出，在企业面临困境或出现重大问题等风险时，各利益相关者可能作出三种反应：退出（exit）、积极行动（voice）以及保持原有的忠诚（loyalty）。Judge（1995）认为，这个框架可以用于分析特定环境下非执行董事在企业中的决策行为，独立董事正是依据对公司状况特别是对公司风险状况和对风险的认知力做出是否退出的选择。Lewin（1951）从心理学的角度对人的行为进行分析，认为人的行为是人与环境作用的结果，他的研究反映了人的行为是个体差异与个人所处环境共同作用的结果。因此，对于独立董事来说，是否选择辞职是上市公司风险特征与独立董事个人风险感知能力共同作用的结果。从现实当中可以看到，同样作为成功人士或是社会知名人士，在同样的公司，有的独立董事选择了辞职，而有的则选择了不辞职；对于任职多家公司的独立董事，一般是根据情况选择辞去一些公司的职位，同时留任另一些公司的职位，也可能还接受新的公司的任职。可见，独立董事辞职是出于风险的感知，而这种对于风险的感知能力也是因人而异的，对于风险的感知能力的不同无疑影响着独立董事是否辞职的选择。

风险感知力理论与声誉理论的不同之处在于，前者更多的是从个体心理和行为学的角度对辞职现象进行解释，而声誉理论则更多的是从独立董事经济人的假设出发，认为声誉在长期能够带来回报，理性的经济人会作出贴现价值最大的选择。两种理论从不同的角度认识独立董事的辞职行为，在研究思路上具有一定的重叠性：独立董事对于声誉的维护，最初是建立在对风险感知的基础上的，而风险感知的结果，也必然会涉及长期和短期收益之间的衡量。独立董事对风险规避行为的本质是为了长远的声誉而放弃短期内的固定薪酬，因此风险回避本身就代表了独立董事的声誉追求。本章以独立董事对于风险的敏感程度衡量独立董事受到声誉激励的状况，具有理论上的合理性。

三、董事会结构内生性假设与辞职行为

董事会结构内生性假设认为，董事会的组成结构和更替受到企业自身特征的影响，企业所处的行业、企业的规模、业绩、股权性质等特征都会影响董事会的构成，而这可能会对独立董事市场的有效性带来影响，从而影响独立董事

的声誉激励以及因为声誉激励而带来的独立董事辞职行为。Hermalin and Weisbach（1988）发现，企业的业绩能够影响董事会的组成结构，当企业业绩表现不好的时候，外部董事更有可能加入董事会，而内部董事更有可能离开董事会。Helland（2006）研究发现，股东的集体诉讼行为对于公司的董事声誉并没有很大的影响，遭遇了法律诉讼丑闻的董事们所拥有的董事会职位数量不但没有显著减少反而增加了，这可能是因为CEO喜欢聘请遭遇过法律诉讼丑闻的独立董事，因为这样的“友好”董事不会对管理层实施严格的监管。Srinivasan（2005）发现，外部独立董事，尤其是在审计委员会任职的外部独立董事，在公司发生财务作假的事件之后发生了显著的被更替的现象，但是这些独立董事在其他公司所担任独立董事的职位数目只有一个微量而不显著的下跌。这说明虽然独立董事监管不严会使得其丧失在被处罚公司的职位，但是有可能因为监管不严反而受到其他公司管理层的欢迎而得到新的聘任机会。

由于董事会结构内生性的存在，Fama and Jensen（1983）提出的“声誉假说”可能不能够正确预测独立董事声誉激励对于独立董事的行动带来的影响，独立董事严格监管并建立自己的声誉不一定能够得到奖励，声誉激励不一定能够有效地激励独立董事认真地履行职责。从我国上市公司的情况来看，我国上市公司的股权结构是高度集中的股权结构，因此我国上市公司的代理问题主要表现为大股东与中小股东之间的冲突，在我国上市公司引入独立董事制度的主要目的也是为了解决大股东与中小股东之间的代理问题。然而，我国的独立董事大多由控股股东提名和任命，同时我国独立董事又肩负着监督大股东、保护中小投资者利益的责任，使得我国的独立董事的选聘也会出现内生性的问题。支晓强、童盼（2005）利用我国上市公司2001~2003年的相关数据，考察了独立董事变更与公司盈余管理程度、公司控制权转移之间的关系，发现公司的盈余管理程度越高，独立董事变更概率和变更比例越高，说明独立董事能够发现公司的盈余管理行为和违规操作，独立董事是“懂事”的；同时发现第一大股东变更的上市公司要比未变更第一大股东的上市公司表现出更高的独立董事变更概率和变更比例，说明当公司的控制权发生变更时，新的控制者有很强的动机提名并最终选出自己的“独立董事”。

因此，本章试图考察独立董事的声誉激励能否对独立董事的辞职行为产生影响，抑或由于董事会结构的内生性原因，声誉激励对于独立董事的辞职选择不能够产生影响。也就是说，通过对于独立董事辞职现象的研究，验证“声誉假设”与董事会结构内生性假设这两个理论假设中哪一个更加能够解释我国独立董事的行为。本章的理论逻辑结构如图 6-1 所示。

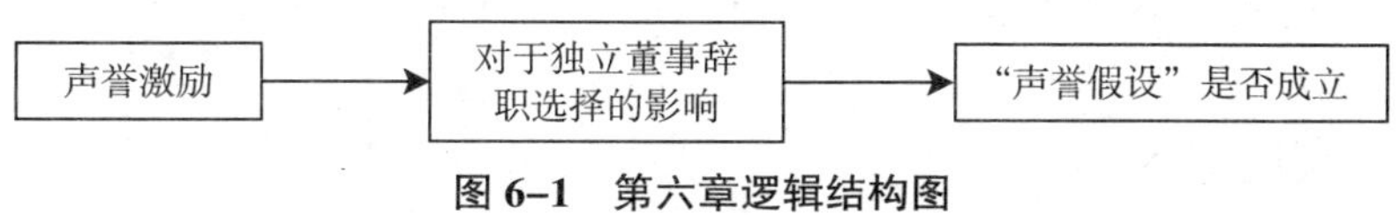

图 6-1　第六章逻辑结构图

第二节　主要假设

本章以独立董事是否辞职的哑元变量作为因变量，考察各种风险因素和激励因素对于独立董事辞职选择的影响。同时考察风险和激励的原因是，独立董事选择辞职与否，可能是从感知到风险开始的，但是如果承担这些风险并不会给独立董事带来利益的损失，独立董事也不会选择以辞职的方式来回避风险。因此，薪酬和声誉影响着独立董事辞职与留任所带来的收益与成本。同时，影响独立董事作出辞职选择的因素，可能还包括年龄、工作等独立董事的个人特征因素。总的来说，影响独立董事辞职选择的主要因素可能主要包括以下六类。

一、公司的财务风险

公司的财务风险考虑了反映短期偿债能力的流动比率和反映长期偿债能力的资产负债比率。只要独立董事按时参加董事会，并持续关注公司的经营情况，就会了解公司的财务状况以及其中是否蕴涵着风险。本书用流动比率和速动比率代表企业的短期偿债能力，用资产负债率代表企业的长期偿债能力；同时，用总资产净利润率 ROA 和净资产收益率 ROE 代表企业的盈利能力，考察它们对于独立董事辞职选择的影响。值得注意的是，财务风险并不像公司被违规处罚所带来的风险那样表面化。独立董事们需要花费一定的时间、精力收集财务风险信息，同时需要具备一定的会计知识背景或者借助会计专业人士的帮助才能够对财务风险信息进行正确的汇总和判断。因此，财务风险相对来说缺

乏透明性，容易被忽视。如果财务风险与独立董事辞职之间具有显著的正相关关系，说明我国独立董事对于声誉的重视程度较高，为了维护个人的声誉愿意花费一定的劳动成本。因此提出以下假设：

假设 1：上市公司的财务风险与独立董事辞职的概率显著正相关。

二、大股东风险

大股东风险是指股权集中度与股东的更替对于独立董事辞职所产生的影响。设立独立董事的主要目的是为了对大股东进行监督，中国证监会的文件中也对独立董事监督职能的实施赋予了特别职权。然而，在股权集中的情况下，独立董事的聘任大多数由大股东控制，由此必然导致独立董事独立性的丧失，独立董事履行决策监督职责的行为可能受到大股东的限制，从而可能导致独立董事辞职，因此，第一大股东控股比例可能会影响独立董事的辞职选择。股权集中的风险具有一定的潜伏性，因为上市公司的大股东侵占行为具有普遍性，而证券监管部门的监管力量有限，如果大股东的违规行为没有被发现或者没有被及时发现，那么也许不会给独立董事带来现实的损失。因此，独立董事对大股东风险的敏感度体现了他们对上市公司代理问题的风险意识以及对自身声誉的重视程度。因此提出以下假设：

假设 2：上市公司的股权集中度与独立董事辞职的概率显著正相关。

许多独立董事的选聘与任职是建立在与大股东和公司管理层的合作基础上的，有研究显示，独立董事中近九成的提名基本上由大股东或高层管理人员所包揽，其中有 55%的独立董事是由大股东推荐给股东大会讨论的（唐清泉等，(2006)）。因此，一旦大股东发生变动，新的大股东有动机选出与自己熟悉的新的独立董事，原有的独立董事的初始任职动机也可能被打破，独立董事与大股东的信任与合作关系也可能发生改变，从而导致独立董事提出辞职。宋德舜、宋逢明（2005）发现，对控股股东的信任度可以降低董事的被免职概率。

假设 3：上市公司的控股股东更替与独立董事辞职的概率显著正相关。

关联交易通常被认为是控股股东对中小股东进行剥夺的常用手段。

不公平的关联交易可能会影响独立董事的辞职选择。但是由于我国的关联交易的存在非常普遍，独立董事受到关联交易的影响而辞职的可能性也较小，因此本书对此不做假设。

三、事项风险

公司的事项风险是指上市公司得到非标准审计意见、被证券监管部门予以ST（特别处理）、违规行为被公开披露处理以及独立董事个人由于失职行为而受到批评的风险。这些风险的特点是表面化和公开化，很容易被感知。事项风险的发生可能是前期的财务风险和大股东风险表面化的体现，并且是已经变成现实的风险。因此严格来说，独立董事对于事项风险的反应并不是对于风险的感知与主动回避，而只是一种对于特定丑闻事件的事后反应，并不能够说明独立董事具有风险意识。但是，这些特定事件发生的当年独立董事是否作辞职选择，依然能够表现独立董事对于声誉的重视程度。当事项风险发生时独立董事选择辞职的行为也能够说明独立董事对于声誉是比较重视的。

以往的文献研究发现，独立董事对于审计意见的标准与否可能具有一定的敏感性。赵子夜（2007）采用中国资本市场1997~2004年间116家微利公司的数据进行实证研究发现，独立董事在避免渎职风险的过程中，通过充分披露的信息来避免过高的机会主义成本，和审计鉴证发生了协同效应；同时，他们还发现，微利公司更容易被出具非标准无保留意见，并且其涉及的事项和独立董事关注的公司非正常治理结构明显重合。谭劲松、郑国坚（2004）也发现，审计意见的严重程度与独立董事的辞职显著正相关。由此假设：

假设4：上市公司得到标准无保留审计意见的概率与独立董事辞职的概率显著负相关。

如果证监会对一些违反规定的上市公司进行谴责或处罚，说明发生这些情况的上市公司自身肯定存在很大的风险，证监会的处罚往往是上市公司已经存在重大关联交易、重大担保等潜在违规行为的一种表现。如果某上市公司被证券监管部门查处或被ST（特别处理），甚至独立董事本人因为没有履行工作职责而受到证券监管部门的批评，这时候对于独立董事来说他们的声誉已经受到了损害，这时候选择引咎辞职，至少体现了他们对于股东的责任感，对于挽回已经受损的声誉有一定的作用。因此，本书预测，当公司和独立董事个人受到公开处罚的时候，独立董事可能会提出辞职。本书提出以下假设：

假设5：上市公司受到ST处理的、受到违规处罚的概率与独立董事辞职的概率显著正相关。

假设6：独立董事个人受到证券监管部门的处罚概率与独立董事辞职的概率显著正相关。

四、声誉激励

由于独立董事辞职的时候并不知道辞职能给自己的市场声誉带来多大的影响，因此很难以将来独立董事的任职数量来表示独立董事辞职受到声誉激励的影响。本章使用独立董事公开发表异议与否来表示独立董事对于自身声誉的重视程度。独立董事公开对于董事会的决议表示异议与独立董事辞职之间很可能存在某种内在的联系。独立董事公开发表异议的目的是表明自己与董事会在某些决议上持有不同的意见，因此对于投资者予以告知。当独立董事发现公司的不合理决策时，通常会首先私下与管理层和有关决策人进行非正式的沟通，当沟通无法达到应有的效果时，有的独立董事会采取公开发表异议的方式以表示自己不对错误的决策承担责任。这种行为并不会给独立董事带来经济上的收益，因此通常也是出于维护自身的专家声誉的目的。独立董事公开发表异议的概率越大，说明他对于自己的声誉越重视，受到声誉激励的程度越深，在某种特定的情形下也就越有可能作出辞职的选择。本书假设：

假设7：独立董事发表异议的概率与独立董事辞职的概率显著正相关。

五、薪酬激励

从经济人的理论假设出发，一般来说，报酬越高，辞职的可能性越小。但是独立董事作为本行业的成功人士，有可能更加关注风险和声誉，只有当薪酬与担当的风险不成正比时才会考虑薪酬的影响。国外文献对于薪酬激励的研究大多集中在股权激励方面，对于固定薪酬的激励作用少有研究。如Robert and Moon（2000）表明，更高的股权激励会使得独立董事更好地履行对管理层的监督义务并会激励独立董事运用自己的知识为公司提供更好的参考意见。Perry（2000）研究也表明，如果得到足够的薪酬激励，独立董事会更努力地工作。

单纯的固定薪酬对于独立董事的影响一直很受争议。谭劲松（2003a）认为，如果独立董事的报酬给得太少，不足以激励独立董事努力工作；如果报酬给得多，又会使独立董事不愿意放弃这份优厚的待遇薪酬因而影响其独立性，即认为独立董事的留任选择会受到薪酬的影响。简宇寅等（2006）对于独立董事的任职选择进行实证研究发现，薪酬激励对我国的独立董事是有明显的激励作用的，他们认为，发生任职选择的独立董事大部分为高校科研人员，还有一部分为中介机构和实业界人士，很少有民营企业家，在我国现有的薪酬体制下，这些独立董事虽然都为社会上层人士，但是个人财富一般并不多，达不到对薪酬不敏感的程度。因此本书提出：

假设 8：独立董事的薪酬与独立董事辞职的概率显著负相关。

六、独立董事的个人特征及其他控制变量

独立董事的个人工作强度和工作繁忙程度可能会影响独立董事的辞职选择。独立董事大多身兼数职，因此工作强度大可能导致他们选择辞职。由于独立董事的实际工作时间难以观察并取得数据，但独立董事的工作重心主要是在董事会议上，每次董事会议几乎都要求独立董事参加，因此本书选择董事会会议的次数代表独立董事履行职责所付出的工作时间和精力：董事会会议召开的次数越多意味着独立董事为了履行职责付出的劳动越多，繁忙的工作容易导致辞职行为的发生。本书还选择独立董事亲自参加董事会的比率代表独立董事工作的繁忙程度。如果独立董事亲自参加董事会会议的比率一直较低，说明独立董事的工作比较繁忙，辞职的概率也更高。在上市公司年报所披露的独立董事辞职的公开原因中，大部分独立董事辞职的原因是工作繁忙，然而“工作繁忙”并不一定是辞职的真正原因。唐清泉、罗党论（2007）认为，独立董事辞职的根本原因是为了避免可能承担的风险而不是工作繁忙。

独立董事的年龄也可能影响独立董事的辞职选择。唐清泉等（2006）发现，越是年轻的独立董事对风险越敏感，因为他们将来的职业生涯更长，声誉的影响更大。因此本书对独立董事的年龄取自然对数，考察其对于独立董事辞职选择的影响。

独立董事的个人职业背景影响着他们对公司经营状况和风险的感知判别能

力，从而导致独立董事对于是否辞职的不同选择。Rosenstein and Wyatt（1994）把外部董事分为财务型外部董事、公司型外部董事和中立型外部董事。谭劲松（2003）统计发现，我国上市公司独立董事个人专业背景可以分为以下三类：第一类是高校和研究机构的知名学者，他们构成我国上市公司独立董事的主体，占全部独立董事的40%；第二类是会计师、律师、咨询机构等中介机构的专业人士，占全部独立董事的8%；第三类是实业界及其他，占全部独立董事的10%。唐清泉（2007）发现，不同专业背景的独立董事对于风险的认知存在显著的差异，实业界背景的独立董事对于是否受到证监会谴责更加敏感，会计师背景的独立董事对是否被ST和大股东变动的信息产生显著的感知力，而学术背景的独立董事对大股东变动和大股东控制权产生显著的感知力。因此模型中加入了代表独立董事背景的变量，以控制专业背景对于辞职的影响。

第三节　主要变量的定义

本章的主要变量定义如表6-2所示。

表6-2　变量的定义

	变　量	符　号	定　　义
因变量	独立董事辞职与否	Resign	如果辞职则Resign = 1，否则Resign = 0
解释变量	流动比率	Flowratio	流动资产/流动负债
	速动比率	Currentratio	(流动资产 - 存货)/流动负债
	资产负债率	Leverage	负债总额/资产总额
	净资产收益率	ROE	净利润/股东权益平均余额；股东权益平均余额 = (股东权益期末余额 + 股东权益期初余额)/2
	总资产净利润率	ROA	净利润/总资产平均余额；总资产平均余额 = (资产合计期末余额 + 资产合计期初余额)/2
	每股收益	Pops	全面摊薄净利润每股收益
	股权比例	No1	第一大股东控股比例
	大股东变更	Change	哑元变量，发生大股东变更则取值1，否则为0
	关联交易	Lnrelate	关联交易金额取自然对数
	审计意见	Audit	哑元变量，如果当年审计意见是标准无保留审计意见则取值为1，否则为0

续表

	变　量	符　号	定　义
解释变量	违规行为	ACT	哑元变量，按照证券监管部门的历史记录，企业当年是否存在违规行为（可能未在当年被发现和受到处罚），如果存在违规行为则取值为 1，否则为 0
	ST	ST	哑元变量，如果当年得到 ST 处理则取值为 1，否则为 0
	违规处罚	Punish	哑元变量，如果上市公司在当年受到证券监管部门做出的违规处罚则取值为 1，否则为 0（由于违规行为的发生和受到违规处罚之间可能存在一定的时滞，因此 punish 变量和 act 变量具有不同的取值）
	个人违规	Dirpunish	哑元变量，如果独立董事违规受到处罚则取值为 1，否则为 0
	独立董事异议	Sug	独立董事是否公开发表了异议，如果当年的上市公司年报中独立董事公开发表了异议则取值为 1，否则取值为 0
控制变量	董事会次数	Meet	每年召开的董事会会议次数
	董事会出席率	Meetjoin	独立董事亲自参加董事会会议的比例
	薪酬	Lnpay	独立董事的年度薪酬取自然对数
	年龄	Lnage	独立董事的年龄取自然对数
	职业背景	Background	独立董事的专业背景，分为三类：（1）高校和科研机构；（2）会计、律师、咨询顾问等专业服务机构；（3）实业界及其他

第四节　样本选择与样本检验

一、样本选择

为了简化计算但又不失分析的准确性，本书的研究略去深市 A 股，而只对沪市 A 股进行研究。样本指标的选取按照以下方法进行：①从 CSMAR 数据库中提取 2004 年和 2005 年独立董事的姓名资料，由于 CSMAR 关于独立董事的数据中很多并没有包含当年已经辞职的独立董事，因此结合了从上市公司年报中手工收集的独立董事辞职数据进行补充，最后得到曾经于 2004~2005 年期间在沪市上市公司任职的独立董事 5735 人作为研究的样本。其中，2004 年共有任职的独立董事 2903 人次，其中在当年辞职的人数达到 97 人次；2005 年共有任职的独立董事 2832 人次，其中在当年辞职的人数达到 91 人次。②根据这一样本收集整理相应的上市公司数据，其中财务数据、公司治理数据以及关联交易数据来自色诺芬（CCER）数据库，公司和个人违规数据、独立董事个人资料数据来自国泰安（CSMAR）数据库，辞职数据由作者根据沪市上市公司年报手工整理得到，参考了巨潮资讯网（www.cninfo.com.cn）。

二、样本检验

1. 对于财务风险变量的样本检验

依据样本，对辞职的独立董事与没有辞职的独立董事所任职的上市公司的财务风险进行独立样本的 t 检验。检验结果如表 6-3 和表 6-4 所示。从统计数据中可以看出，发生独立董事辞职的上市公司的总资产净利润率 ROA、净资产收益率 ROE 和每股收益均为负值，明显低于未发生独立董事辞职的上市公司的正值的水平，说明发生独立董事辞职的公司盈利能力远远低于未发生独立董事辞职的公司，并且平均净利润为负，整体处于亏损状态。同时，发生独立董事辞职的上市公司资产负债率的比率明显高于未发生独立董事辞职的公司，长期偿债能力较差。独立董事辞职的公司流动比率平均为 1.12，速动比率为 0.80，分别比没有独立董事辞职公司的平均流动比率和速动比率 1.53 和 1.12 低约 26%和 29%。

表 6-3　有独立董事辞职的公司与没有独立董事辞职的公司财务风险指标对比

	是否辞职	样本数	均值	标准差
ROA	0	5007	0.0050	0.02396
	1	173	-0.0092	0.04392
ROE	0	5007	0.0086	0.19156
	1	173	-0.0483	0.28569
Flowratio	0	5007	1.5260	1.58672
	1	173	1.1216	0.74988
Currentratio	0	5007	1.1160	1.41216
	1	173	0.7996	0.60488
Leverage	0	5007	0.5292	0.49025
	1	173	0.6972	0.76981

表 6-4　财务风险指标的方差齐次性检验与 T 检验

对比指标		Levene's 等方差假设检验		T 检验				
		F	Sig.	t	Sig.	均值检验	Sig.	
							Lower	Upper
ROA	等方差假设	63.344	0.000	7.383	0.000	0.014	0.0104	0.018
	非等方差假设	—	—	4.232	0.000	0.014	0.008	0.021
ROE	等方差假设	31.236	0.000	3.764	0.000	0.057	0.027	0.087
	非等方差假设	—	—	2.598	0.010	0.057	0.014	0.100
Flowratio	等方差假设	8.369	0.004	3.339	0.001	0.404	0.167	0.642
	非等方差假设	—	—	6.601	0.000	0.404	0.284	0.526
Currentratio	等方差假设	9.844	0.002	2.937	0.003	0.316	0.105	0.528
	非等方差假设	—	—	6.311	0.000	0.316	0.218	0.415
Leverage	等方差假设	7.642	0.006	-4.327	0.000	-0.168	-0.244	-0.092
	非等方差假设	—	—	-2.850	0.005	-0.168	-0.284	-0.052

从表 6-4 所显示的 Levene's 等方差检验结果来看，全部财务风险指标的显著性概率都小于 5%，应选择非等方差假设，T 检验的结果显示按照 $\alpha = 0.05$ 水准，拒绝 H_0。因此，两类公司的财务风险指标的差异具有统计意义。发生独立董事辞职的上市公司与未发生独立董事辞职的上市公司财务风险水平迥异，这说明独立董事辞职的原因绝不仅仅是上市公司年报中所披露的"工作繁忙"等表面原因，独立董事辞职更多的是为了避免可能承担的风险，这一研究结果与唐清泉（2006，2007）的研究结论一致。因此，验证了本章的假设 1 成立。

2. 对于股权集中度变量的样本检验

用同样的方法对辞职的独立董事与未辞职的独立董事所任职的上市公司的股权集中度进行独立样本 t 检验。检验的结果见表 6-5 和表 6-6。从统计指标来看，发生了独立董事辞职的公司与没有发生独立董事辞职的公司相比，股权集中度更高，且控股股东变更的概率更大。发生了独立董事辞职的公司第一大股东持股比例、前五大股东持股比例均高于未发生独立董事辞职的公司，但是方差齐次性检验与 T 检验的结果显示，两组公司在股权集中度和控股股东变化概率上的差异并没有统计上的显著性。本章的假设 2 和假设 3 没有得到样本检验的支持。

虽然独立样本 t 检验的结果显示，发生了独立董事辞职的上市公司的关联交易金额均值更小，但是并没有通过统计检验，这一结果与唐清泉（2007）实证研究的结果一致，即没有发现独立董事辞职与关联交易之间的显著关系。这可能是因为关联交易在我国当时公司中普遍存在。杜胜利、张杰（2005）对2003年度中国上市公司年报数据进行统计发现，78.56%的上市公司发生了重大关联交易行为，因此在这种情况下，独立董事难以回避发生了重大关联交易的公司，对于关联交易风险的敏感度也有一定程度的下降。

表 6-5　有独立董事辞职的公司与没有独立董事辞职的公司股权集中度指标差异

	是否辞职	样本数	均值	标准差
No1	0.00	5086	0.2817	3.61605
	1.00	173	0.3608	0.15702
Cr5	0.00	5086	0.5148	2.73955
	1.00	173	0.5581	0.13238
Change	0.00	5086	0.0405	0.19716
	1.00	173	0.0520	0.22272
Lnrelate	0.00	4738	18.7188	2.18377
	1.00	156	18.3056	1.88413

表 6-6　股权集中度指标的方差齐次性检验与 T 检验

对比指标		Levene's 等方差假设检验		T 检验				
		F	Sig.	t	Sig.	均值检验	Sig.	
							Lower	Upper
No1	等方差假设	0.441	0.506	-0.288	0.773	-0.07916	-0.61819	0.45987
	非等方差假设	—	—	-1.520	0.129	-0.07916	-0.18128	0.02296
Cr5	等方差假设	0.230	0.631	-0.208	0.836	-0.04325	-0.45163	0.36512
	非等方差假设	—	—	-1.089	0.276	-0.04325	-0.12110	0.03460
Change	等方差假设	2.212	0.137	-0.752	0.452	-0.01152	-0.04154	0.01850
	非等方差假设	—	—	-0.671	0.503	-0.01152	-0.04537	0.02233
Lnrelate	等方差假设	3.264	0.071	2.335	0.020	0.41320	0.06625	0.76015
	非等方差假设	—	—	2.680	0.008	0.41320	0.10889	0.71751

3. 对于事项风险变量的样本检验

对于事项风险进行独立样本 t 检验的结果见表 6-7 和表 6-8。可以发现，发生了独立董事辞职事件的上市公司当年发生违规行为的概率、被 ST 处理的概率、被证券监管机关公开处罚的概率都明显高于其他没有发生独立董事辞职的上市公司，辞职的独立董事个人受到证券监管机关批评及处罚的概率也大大高于没有提出辞职的独立董事。方差齐次性检验与 T 检验的结果显示，以上事

项风险指标的差异均具有显著性，通过了统计检验。同时，没有发生独立董事辞职的公司获得标准无保留审计意见的概率更大。值得注意的是，两组样本公司在事项风险上的均值差异大多相差很大，例如，从企业当年发生违规行为的平均概率来看，发生独立董事辞职的公司平均值为 0.081，而未发生独立董事辞职的公司平均值仅为 0.037，即发生独立董事辞职的公司发生违规行为的概率为 8%，而未发生独立董事辞职的公司发生违规行为的概率为 3%，两者存在着显著的差异。发生独立董事辞职的公司被 ST（特别处理）的概率为 0.052，被处罚的概率为 0.150，未发生独立董事辞职的公司被 ST（特别处理）的概率为 0.014，被处罚的概率为 0.037，均相差近 4 倍，差距非常悬殊。总体上来说，发生了独立董事辞职的上市公司事项风险显著地高于其他上市公司，说明独立董事辞职选择与上市公司的事项风险是紧密相关的。平均独立样本 t 检验的结果验证了本章的假设 4、假设 5、假设 6 是成立的。独立董事在作出辞职选择的时候是非常重视公司当年发生的重大违规处罚等丑闻事件的，这些丑闻事件的发生往往是企业潜在风险的体现，很容易被独立董事观察到，独立董事很有可能在丑闻事件发生的前后提出辞职，说明独立董事对于这类风险给自己带来的声誉损失很敏感。因此，事项风险所引起的独立董事辞职行为，从另一个角度也说明了独立董事在一定程度上受到了声誉激励的影响，力图维护个人的声誉。

表 6-7　有独立董事辞职的公司与无独立董事辞职的公司在事项风险上的差异

	是否辞职	样本数	均值	标准差
Audit	0.00	5009	0.9084	0.28854
	1.00	173	0.7341	0.44309
Act	0.00	5086	0.0372	0.18917
	1.00	173	0.0809	0.27351
St	0.00	5086	0.0144	0.11895
	1.00	173	0.0520	0.22272
Punish	0.00	5086	0.0370	0.18869
	1.00	173	0.1503	0.35839
Dirpunish	0.00	5086	0.0018	0.04203
	1.00	173	0.0405	0.19761

表 6-8 事项风险指标的方差齐次性检验与 T 检验

对比指标		Levene's 等方差假设检验		T 检验				
		F	Sig.	t	Sig.	均值检验	Sig. Lower	Sig. Upper
Audit	等方差假设	152.109	0.000	7.640	0.000	0.17426	0.12954	0.21898
	非等方差假设	—	—	5.135	0.000	0.17426	0.10729	0.24123
Antiact	等方差假设	31.768	0.000	-2.940	0.003	-0.04376	-0.07294	-0.01459
	非等方差假设	—	—	-2.088	0.038	-0.04376	-0.08513	-0.00240
St	等方差假设	58.232	0.000	-3.938	0.000	-0.03767	-0.05642	-0.01892
	非等方差假设	—	—	-2.214	0.028	-0.03767	-0.07125	-0.00409
Punish	等方差假设	179.707	0.000	-7.457	0.000	-0.11332	-0.14312	-0.08353
	非等方差假设	—	—	-4.140	0.000	-0.11332	-0.16735	-0.05930
Dirpunish	等方差假设	331.069	0.000	-9.158	0.000	-0.03869	-0.04698	-0.03041
	非等方差假设	—	—	-2.573	0.011	-0.03869	-0.06837	-0.00902

4. 对于独立董事个人特征变量的样本检验

对独立董事个人特征变量进行独立样本 t 检验的结果见表 6-9 和表 6-10。从两组独立董事发表异议的情况来看，辞职的独立董事对董事会的决议公开发表异议的概率为 0.069，而未辞职的独立董事发表公开异议的概率为 0.024，前者是后者的近三倍，并且通过了统计检验，说明辞职的独立董事更加注重自己的声誉或者风险意识更浓，所以对公司管理层的决策进行了更为严格的监督，因此也就更多地提出不同意见。Hermalin and Weisbach（2001）、William and Brown（1996）认为，在独立董事和公司 CEO 就公司的决策发生冲突时，独立董事往往不是采取公开的反对态度，为了表明自身不和管理者合谋的态度，独立董事往往选择主动辞职的方式“逃逸”董事会。但是，从本书选取的独立董事的统计样本来看，有接近 7%的独立董事并不是从一开始就消极地逃避自己的责任，而是在采取一定的行动反对管理层的决策之后，由于种种原因无奈选择辞职或被迫辞职的。

表 6-9 辞职的独立董事与未辞职的独立董事激励差异与个人特征差异

	是否辞职	样本数	均值	标准差
Sug	0.00	5086	0.0240	0.15302
	1.00	173	0.0694	0.25481

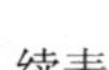

续表

	是否辞职	样本数	均值	标准差
Lnpay	0.00	4751	10.4833	0.48946
	1.00	82	10.2327	0.70811
Meet	0.00	4994	7.0394	3.77128
	1.00	111	5.4775	3.24695
Meetjoin	0.00	4983	0.9003	0.16519
	1.00	110	0.7194	0.33456
Male	0.00	5069	0.8954	0.30601
	1.00	30	0.9667	0.18257
Lnage	0.00	5057	3.9064	0.20792
	1.00	28	3.9141	0.21671

表 6-10 独立董事激励和个人特征的方差齐次性检验与 T 检验

对比指标		Levene's 等方差假设检验		T 检验				
							Sig.	
		F	Sig.	t	Sig.	均值检验	Lower	Upper
Sug	等方差假设	51.243	0.000	-3.729	0.000	-0.045	-0.069	-0.02152
	非等方差假设	—	—	-2.328	0.021	-0.045	-0.084	-0.00691
Lnpay	等方差假设	17.568	0.000	4.554	0.000	0.251	0.143	0.35841
	非等方差假设	—	—	3.191	0.002	0.251	0.094	0.40675
Meet	等方差假设	1.845	0.174	4.328	0.000	1.5627	0.854	2.26949
	非等方差假设	—	—	4.994	0.000	1.562	0.943	2.18142
Meetjoin	等方差假设	186.99	0.000	11.005	0.000	0.181	0.149	0.21320
	非等方差假设	—	—	5.658	0.000	0.181	0.118	0.24434
Male	等方差假设	7.701	0.006	-1.273	0.203	-0.071	-0.180	0.03843
	非等方差假设	—	—	-2.119	0.042	-0.071	-0.140	-0.00258
Lnage	等方差假设	0.101	0.750	-0.197	0.844	-0.008	-0.085	0.06951
	非等方差假设	—	—	-0.189	0.852	-0.008	-0.092	0.07646

从辞职独立董事与未辞职独立董事的个人特征比较中可以看出，辞职的独立董事薪酬低于未辞职的独立董事，说明独立董事辞职会在一定程度上考虑薪酬的因素；辞职的独立董事应参加的董事会次数较少但是缺席董事会的比率却较高，说明辞职的独立董事可能更加繁忙而没有时间参加董事会；辞职的独立董事中男性的比例相对于留任的独立董事中男性的比例更高一些，说明男性独立董事相对于女性独立董事更容易辞职。

第五节　实证模型与分析

以上的分析和检验已经基本验证了我们关于独立董事辞职影响因素的假设。为了进一步了解独立董事的激励因素对于独立董事辞职选择的影响，我们以独立董事是否辞职的哑元变量作为因变量，通过建立如下二元 logistic 回归模型进行进一步的检验。模型中各自变量的定义与前面一致。为了确保各个变量之间不存在严重的共线性问题，我们进行了 Pearson 相关系数检验，结果如表 6-11 所示。

$$\mathrm{Ln}\frac{p(\mathrm{resignaion})}{1-p(\mathrm{resignaion})} = a_0 + a_1\mathrm{Currentraio} + a_2\mathrm{Leverage} + a_3\mathrm{Roe} + a_4\mathrm{No1} + a_5\mathrm{Change} + a_6\mathrm{Lnrelate} + a_7\mathrm{Audit} + a_8\mathrm{ACT} + a_9\mathrm{ST} + a_{10}\mathrm{Punish} + a_{11}\mathrm{Dirpunish} + a_{12}\mathrm{Sug} + a_{13}\mathrm{Meet} + a_{14}\mathrm{Meetjoin} + a_{15}\mathrm{Lnpay} + a_{16}\mathrm{Lnage} + \varepsilon$$

从表 6-11 中可以看出，企业的审计意见与企业发生违规行为、企业被 ST 处理、企业受到违规处罚等事项风险之间存在一定的相关性，但是只有企业当年发生违规行为与当年受到证监会的违规处罚之间的相关系数大于 0.4，其他相关系数都小于 0.4，远低于通常使用的判断标准 0.8 或 0.9，因此各变量之间不存在严重的多重共线性问题。

表 6-12 模型的回归结果表明，在所有的财务风险指标中，只有 ROE 和每股收益对独立董事辞职的概率显著负相关，说明独立董事对于潜在的企业长期和短期的偿债能力并不是特别关注，但是对于企业的业绩还是比较关注的，企业盈利与否直接影响着独立董事对于是否应该辞职的判断。这说明对于上市公司潜在的财务风险，独立董事的关注程度并不是很高。这可能是因为，财务风险信息需要进行汇总，而缺乏对细节的掌握，相对地财务风险信息也就缺乏透明性。模型回归的结果并不支持假设 1。股权集中度以及关联交易的规模与独立董事辞职之间没有发现显著的相关关系，可能是由于我国上市公司的股权结构普遍比较集中，关联交易也普遍存在，而独立董事本身大多数是由大股东提名或推选的，在接受聘任的时候已经对上市公司的股权结构有所了解，对于股

表 6-11　主要自变量的 Pearson 相关系数

	Resign	ROE	Currentratio	Leverage	No1	Change	Lnrelate	Audit	Act	St	Punish	Dirpunish
ROE	–0.052***	1.000										
Currentratio	–0.041***	–0.014	1.000									
Leverage	0.060***	0.017	–0.174***	1.000								
No1	0.004	0.000	–0.043***	0.010	1.000							
Change	0.010	–0.005	–0.025**	0.032**	0.004	1.000						
Lnrelate	–0.033**	–0.005	–0.178***	0.001	0.048***	–0.037***	1.000					
Audit	–0.106***	–0.063***	0.054***	–0.277***	0.000	–0.022	0.113***	1.000				
Act	0.041***	–0.007	0.015	0.023*	0.001	–0.002	–0.059***	–0.273***	1.000			
St	0.054***	0.157***	–0.047***	0.087***	0.004	0.052***	–0.044***	–0.245***	0.090***	1.000		
Punish	0.102***	0.111***	0.060***	0.047***	0.000	0.024*	–0.092***	–0.252***	0.414***	0.177***	1.000	
Dirpunish	0.125***	–0.002	–0.020	0.019	–0.001	–0.011	–0.052***	–0.113***	0.159***	0.165***	0.213***	1.000
Lnpay	–0.065***	0.002	0.022	–0.045***	–0.004	0.017	0.092***	0.059***	–0.038***	–0.024*	–0.038***	0.001

注："***"、"**"、"*" 分别表示显著性水平为 1%、5%和 10%。

表 6-12 Logistic 模型回归结果

	MODEL1	MODEL2	MODEL3	预测符号
C	11.553*** (0.0002)	10.990*** (0.000)	9.930*** (0.001)	?
Sug		1.422** (0.018)	1.292** (0.020)	+
Flowratio			-0.173 (0.349)	-
Currentratio	-0.233 (0.342)	-0.211 (0.379)		-
Leverage	-0.385 (0.4683)	-0.342 (0.523)	-0.538 (0.308)	+
ROE	-1.906*** (0.001)	-1.900*** (0.002)		-
Pops			-0.649* (0.057)	-
No1	-0.001 (0.993)	0.002 (0.981)		+
Cr5			-0.047 (0.970)	+
Change	0.690 (0.283)	0.790 (0.220)	1.066* (0.056)	+
Lnrelate	-0.021 (0.784)	-0.020 (0.797)		+
Audit	-1.016** (0.027)	-0.911* (0.053)	-0.905** (0.041)	-
Act	-1.771** (0.032)	-1.769** (0.034)	-1.690** (0.027)	+
ST	0.403 (0.629)	0.562 (0.504)		+
Punish	1.549*** (0.009)	1.486** (0.015)	1.282** (0.022)	+
Dirpunish	3.042*** (0.002)	3.187*** (0.001)	2.968*** (0.001)	+
Lnpay	-1.019*** (0.000)	-0.978*** (0.000)	-0.906*** (0.001)	-
Meet	-0.177*** (0.005)	-0.194*** (0.003)	-0.185*** (0.003)	+
Meejoin	-3.113*** (0.000)	-3.067*** (0.000)	-2.900*** (0.000)	-

注："***"、"**"、"*" 分别表示显著性水平为 1%、5%和 10%。

权结构集中所带来的关联交易普遍存在的现象也因此而并不十分敏感。因此假设 2 和假设 3 也不成立。

但是，代表上市公司事项风险的变量大多数与独立董事辞职的概率之间存在显著的相关关系。其中，Audit 变量代表上市公司当年获得的是否为标准无保留的审计意见，当 Audit 值取 1 的时候，代表获得的是标准无保留的审计意见。Audit 变量与独立董事辞职之间存在显著的负相关关系，说明如果上市公司当年得到的审计意见为标准无保留审计意见，则独立董事辞职的概率就会显著降低；反之，如果上市公司得到的审计意见为非标准的审计意见，那么独立董事辞职的概率就会显著升高。上市公司在当年发生违规行为与否的数据 ACT 是通过对证券监管部门所查处的违规的案例进行时间上的追溯而得到的，也就是说，企业当年发生了违规行为，但未必当年就被发现和查处，对于这一类风险，独立董事作为公司的经营管理者可能早有察觉；回归的结果显示，企业当年是否发生违规行为与独立董事辞职的概率之间存在显著的正相关关系，说明独立董事在企业的违规行为还没有被公开披露的时候已经敏感地觉察到这一类风险并且进行了回避。

证券上市公司的违规行为被证券监管部门查处与独立董事辞职之间也存在显著的正相关关系，说明独立董事对于证监会或证交所做出的违规处罚具有很强的敏感性，受到违规处罚的上市公司的独立董事更容易发生辞职行为。回归结果显示的是当年的违规处罚与当年独立董事辞职之间的关系，独立董事既可能在违规处罚之前，也有可能在违规处罚之后提出辞职，为了维护自身的声誉，一般来说，在公开作出违规处罚之前，独立董事应该已经可以预感到或得到企业即将被处罚的信息而提出辞职。由于取得的数据均为年度数据，受到这一限制，无法具体地确定是在证券监管部门和上市公司公布违规处罚的结果之前还是在此之后发生了独立董事的辞职行为。

从 2004 年到 2005 年，证券监管机构还对 59 位违规的独立董事个人进行了处罚，处罚的类型多为公开谴责和警告，还对个别独立董事进行了罚款，但罚款的金额并不多。这是在我国独立董事的法律诉讼程序并不完善、股东个人难以通过法律对独立董事的失职行为追究责任的情况下，证券监管部门以行政处罚的形式对严重失职的独立董事进行的惩罚（见表 6-13）。这种行政处罚不同于法律诉讼之处在于，法律诉讼的结果主要是以承担民事赔偿责任的方式要

求独立董事对股东进行经济补偿，而行政处罚则主要是以公开谴责和警告的方式对独立董事的声誉造成负面的影响。回归的结果显示，独立董事个人受到证券监管部门处罚的概率与独立董事辞职的概率显著正相关，这说明了独立董事对于受到证券监管部门的批评对自己带来的不利的声誉影响很敏感，很可能因此而提出辞职。

表 6–13　2004 年至 2005 年证券监管部门对于违规的独立董事个人的处罚情况

时　　间		2004 年	2005 年	总计
对于违规独立董事处罚的案件数量		25	34	59
处罚的类型	公开谴责	23	13	36
	警告	1	17	18
	警告和罚款	1	4	5
	处罚的金额	3 万元	3 万~5 万元	3 万~5 万元

从薪酬激励的角度来看，独立董事的薪酬与独立董事辞职的概率显著负相关，说明薪酬越高，独立董事越倾向于不辞职；这说明我国目前独立董事的固定薪酬对独立董事的任职选择产生了一定的影响，独立董事在作出辞职选择的时候也会对薪酬因素加以考虑。这与谭劲松（2003a）、简宇寅等（2006）研究的结论是一致的。但是，从回归的整体结果看，独立董事是否辞职，考虑的并不仅仅是薪酬，而是综合考虑包括各类风险和薪酬在内的各种因素，只有当薪酬与担当的风险不成正比时才会考虑辞职。

独立董事亲自参加董事会的比例与独立董事辞职的概率显著负相关。说明辞职的独立董事可能更为繁忙，因此较少有时间和精力参加董事会会议，“工作繁忙”可能是很多独立董事辞职的真实原因。董事会会议次数与独立董事辞职的概率也是负相关，可能是由于独立董事工作繁忙，而内部董事在日常的工作中就已经可以进行充分的沟通，因此，董事会会议召开的次数也就减少了。

总的来说，独立董事对于上市公司的财务状况并不十分关注。但是，随着近年来资本市场中违法违规丑闻的频繁发生，独立董事更多地关注重大事项发生的状况给自己带来的不利影响，如果公司即将或已经发生违规丑闻，那么独立董事很可能提出辞职。这说明我国独立董事辞职的原因很大程度上是为了回避重大事项给独立董事个人带来的损失。由于这些重大事项给独立董事带来的更多的是声誉的损失，因此说明我国的独立董事还是很重视自己在这方面的声誉的。同时，实证研究的结果还显示，独立董事市场对于注重自身声誉并维护自身声誉的独立董事并没有给予回报。按照 Fama and Jensen（1983）所提出的“声誉假设”，独立董事的声誉激励机制是由有效的独立董事劳动力市场来支撑的，独立董事的声誉越高，在市场上应该得到越多的职位数量。但是本章的实证研究并没有支持这一假设的成立。

小　结

本章通过对独立董事辞职的影响因素的实证研究，发现声誉激励对于我国独立董事辞职能够产生一定的影响。独立董事很注意回避上市公司的事项风险，这样做的目的是为了维护自身的声誉；同时，曾经公开发表异议的独立董事更容易做出辞职选择。但是，独立董事对于公司的财务风险并不敏感，而财务风险往往是事项风险的前兆，将来也有可能演化为独立董事的声誉损失。这说明我国独立董事维护自身声誉的方式更多的是去回避已经暴露的风险，对于声誉的追求并不能使独立董事关注公司的潜在风险。本书的第七章对于独立董事市场的研究结果能够对本章所得出的研究结论进行合理的解释。

第七章　独立董事声誉激励与独立董事市场

本书的第五章和第六章分别通过独立董事抑制关联交易的表现和独立董事辞职选择考察了我国独立董事受到的声誉激励的状况，发现我国目前的独立董事劳动力市场并没有为独立董事的声誉激励提供有效的支撑。因此，本章试图通过分析独立董事的表现与得到的聘任机会之间的关系，考察我国独立董事市场的有效性，为我国独立董事的声誉激励提供来自劳动力市场方面的证据。

第一节　理论背景与假设

Fama and Jensen（1983）首先提出外部独立董事市场的存在，他们“假设外部董事有动机发展自己作为决策控制专家的声誉……他们利用他们的独立董事职位向外部和内部市场表明他们是决策专家……即使在支付给外部董事的报酬很少的情况下这种信号机制依然能够起作用，但是如果企业的内控系统崩溃时他们的人力资本就会大大贬值……”根据他们的观点，独立董事为了维护自己的市场声誉而不会与管理层合谋，而独立董事发展自身声誉的最终目的是提高自身的人力资本，独立董事的人力资本价值最终会通过在独立董事劳动力市场上得到更多的聘任机会体现出来。虽然独立董事一直享有一定的津贴，但与他们的专家声誉这种无形资产的价值相比津贴的价值很小。因此，通过市场约束控制的机能，独立董事得到了有效的激励和制衡，而成熟的独立董事市场是成熟的独立董事制度所必需的。独立董事市场有效与否，对于独立董事声誉激励机制的形成有着至关重要的作用。所谓市场的有效性这一概念，最初被用于对证券市场的研究。Fama（1970）指出，“如果有用的信息能够立即地、无偏见地在价格上得到反映，那么可以认为市场是有效的”。借用这一概念，本书所涉及的独立董事市场有效性是指独立董事的工作表现信息能够无偏见地在独立董事的人力资本价格上得到反映，表现更好的独立董事能够得到更多的聘任机会或者是更高的报酬。

Fama and Jensen 提出这一假设之后，国外的许多学者对于独立董事市场的有效性进行了实证检验，发现表现好的独立董事相对于表现差的独立董事的确会得到更多的新的独立董事任职机会。如 Gilson（1990）研究了在 1979~1985 年间破产重组的 111 家美国上市公司，发现这一时期由于破产使得银行成为大多数公司的最大的股东，银行往往重新任命董事会成员，董事在被迫离职之后在其他公司再次担任董事的机会大大减少，说明董事的声誉因此受到了严重影响。Harford（2003）研究了在外部接管的情况下，外部董事为股东利益服务的动机，包括外部董事的金钱利益动机以及对该董事今后在其他公司担任董事的机会的影响。他发现所有的目标公司董事在接管之后很难保住自己的董事职位。同时，对于外部董事来说，接管对于其自身金钱财富的影响绝对为负，这是外部董事没有很好地履行职责的代价，即资本市场机制被迫取代外部董事机制来治理该公司。李惠眉（2000）对 1989~1993 年间 129 起兼并案件的董事会解散后各种不同背景的离职董事获得其他公司董事职位的频率数据作了统计分析，发现美国的董事市场是具有长期记忆能力的，高素质董事的杰出表现会为他们带来新的董事职位，而劣质董事离职后则不会被其他企业聘用。这说明独立董事市场能够提供独立董事的声誉激励机制。Yermack（2004）研究发现，财富 500 强公司的独立董事获得新职位的可能性与其本身任职的公司在过去两年的业绩表现呈显著正相关，并且计算出过去两年内公司业绩每一个标准差的变动会给独立董事带来 0.2 个获得其他公司独立董事职务的机会，如果将这样额外的任职的机会所带来的好处用金钱来计量的话，那么企业的价值每增加 1000 美元独立董事将从增加的任职机会中获得 4.3 美分的利益。

然而，独立董事市场真的能够筛选出优秀的独立董事吗？研究者们早已经发现，管理层等公司内部人的干预有可能改变独立董事的选聘，从而改变董事会的组成结构。Yermack（1996）认为，CEO 有可能介入独立董事的提名制度，导致董事会中独立董事数量的减少。而一些近期的研究文献则发现，由于公司

内部人的干预，独立董事市场常常失去有效性，不能够给表现出色的独立董事以奖励。Fich and Shivdasani（2007）发现，公司发生财务欺诈丑闻反而会有助于提高被诉公司独立董事的职位数量，因为一些 CEO 可能会喜欢挑选有着放松监管“声誉”的独立董事，由这些独立董事构成的董事会机构会使得 CEO 更容易进行欺诈、额外消费和其他有损企业价值的行为，这是声誉因素所产生的不正当的影响。Helland（2006）研究发现，股东的集体诉讼行为对于公司的董事声誉并没有很大的影响，遭遇了法律诉讼丑闻的董事们所拥有的董事会职位数量不但没有显著减少反而增加了；这可能是因为，CEO 喜欢聘请遭遇过法律诉讼丑闻的独立董事，因为这样的“友好”董事不会对管理层实施严格的监管。Srinivasan（2005）发现，外部独立董事，尤其是在审计委员会任职的外部独立董事，在公司发生财务作假的事件之后发生了显著的被更替的现象，但是这些独立董事在其他公司所担任独立董事的职位数目只有一个微量而不显著的下跌。这说明虽然独立董事监管不严会使得其丧失在被处罚公司的职位，但是有可能因为监管不严反而受到其他公司管理层的欢迎而得到新的聘任机会。

董事会的职能本来是对公司的内部人进行监督，但是公司的内部人反过来也控制了董事会的组成人员和结构，这种董事会结构内生性的存在，使得表现出色因而声誉更高的独立董事不一定能够得到市场的奖励。支晓强、童盼（2005）的研究表明，虽然我国独立董事的主要职能是保护小股东的利益（中国证监会《关于在上市公司建立独立董事制度的指导意见》），但是独立董事的选聘被大股东控制，产生了内生性的问题。大股东有动机按照自己的利益需求选出独立董事，因此在独立董事市场上，尽心尽力维护小股东利益、表现出色的独立董事可能不能够得到应有的回报，他们的任职数量反而会因为自己认真履行了职责而下降。

假设我国的独立董事市场是有效的，那么工作努力、表现出色的独立董事应该能够得到更高的市场声誉，从而得到更多的聘任机会。我们试图通过两个变量来衡量独立董事的工作努力程度与表现。首先，独立董事的工作基本上都是通过参加董事会来开展的，我国的《公司法》对于包括独立董事在内的董事规定了勤勉义务，《公司法》第一百一十三条规定，“董事会会议，应由董事本人出席，董事因故不能出席的可以书面委托其他董事代为出席”，可见，参加董事会会议是独立董事的基本法律义务，亲自履行这一法定义务是独立董事履行职责的基本要求。通过参加董事会，独立董事可以了解公司经营管理的基本信息并运用自身的专业知识和经验对公司的决策发表意见，因此，独立董事亲自参加董事会的比例，可以代表独立董事为上市公司的发展和股东利益的维护所作出的努力。本书用独立董事亲自参加董事会的比例来衡量独立董事工作的努力程度。

其次，在亲自出席董事会的基础上，独立董事对于上市公司发展所提出意见的数量和质量，可以代表独立董事在决策中发挥的作用，然而由于独立董事日常工作中所提出意见的数量和质量不可能被研究者所观察，因此无法作为研究的变量。但是，根据我国上市公司年报披露的规范和要求，独立董事所提出的与董事会决议不同的意见内容必须予以公布。中国证监会在《关于在上市公司建立独立董事制度的指导意见》中规定，“如有关事项属于需要披露的事项，上市公司应当将独立董事的意见予以公告，独立董事出现意见分歧无法达成一致时，董事会应将各独立董事的意见分别披露”。可见，上市公司年报中所披露的独立董事意见是独立董事基于自身的思考对于公司经营决策的判断，能够较好地体现独立董事的工作努力程度。而且，由于独立董事的异议属于“对董事会议案的不同意见”，而董事会成员大多数由内部董事组成，董事会决议基本代表了控股股东的意见，所以独立董事的异议可能与控股股东的意见相左。由此提出以下研究假设：

假设 1：独立董事亲自出席董事会会议的比例与未来能够获得的独立董事聘任数量显著正相关。

假设 2：独立董事是否曾经公开发表异议与未来能够获得的独立董事聘任数量显著正相关。

Fama and Jensen（1983）认为，“如果公司的内部决策系统崩溃或者公司因此最后不得不被接管，那么作为外部董事的人力资本就会大大贬值”。根据他们的理论，上市公司如果因违规而受到证券监管部门处罚，可以看做是公司内部决策系统崩溃的一种表现形式，受处罚上市公司的独立董事可能被认为失职而受到较大的声誉损失，他的人力资本也可能因此大大贬值，也就是说，他在独立董事市场上有可能得不到新的聘任机会。然而，这只是 Fama and Jensen 的一种假设。根据董事会内生性理论，董事会的结构被公司的内部人控制或干预，大股东和管理层有动机选出有利于自己的董事会，经历过公司丑闻的独立董事反而有可能得到更多的聘任机会。两种理论对于丑闻公司的独立董事的任职做出了相反的预测。因此，有必要检验我国独立董事市场对于曾经在被处罚公司任职的独立董事是否有惩罚的机制。

假设 3：所任职的上市公司是否由于违规受到证券监管部门的处罚与独立董事将来的聘任数量成反比。

除此之外，独立董事的聘任数量还可能受到一些其他非理论因素的影响，因此考虑以下因素作为模型中的控制变量：

（1）独立董事的知识背景。我国目前的独立董事大致包含以下几类：第一类是高校和研究机构的知名学者；第二类是会计师、律师和咨询顾问等中介专业机构的专业人士；第三类是实业界人士。他们具有不同的知识背景。而不同知识背景的独立董事对于企业发展有不同的贡献。大股东选聘独立董事可能是出于独立董事能够为公司的发展提供专业的决策参考和技术指导，因此，不同知识背景的独立董事得到的聘任机会可能存在差异，有必要对其加以控制。

（2）独立董事曾经任职的上市公司提供的报酬水平。从个体心理上来说，如果独立董事过去得到的报酬水平较高，那么可能难以接受较低水平的报酬，任职的数量也会因此而减少。

（3）独立董事曾经辞职与否。独立董事辞职是独立董事对于风险规避的表现，因此，曾经辞职的独立董事可能由于认识到担任上市公司独立董事的风险而不再轻易接受在其他公司担任独立董事的聘任。

（4）独立董事的年龄。在尊老尚老的东方文化中，人们一般认为年龄较大的人经验较为丰富，国内上市公司倾向于聘请年龄较高的人士作为独立董事，但是如果一个人年龄太大，则可能因为身体原因难以保证以足够的精力去有效地完成独立董事的各项职能。因此，年龄因素可能会影响独立董事的任职数量。

第二节　样本的选取

为了简化计算但又不失分析的准确性，本章只选取 2004~2005 年在沪市 A 股上市公司担任独立董事的人士作为研究样本。样本指标的选取按照以下方法

进行：①从 CSMAR 公司治理数据库中提取 2004 年、2005 年和 2007 年沪市 A 股上市公司独立董事姓名、年龄、知识背景、薪酬、所任职的公司代码以及亲自参加董事会会议的比例数据，由于 CSMAR 关于独立董事的数据中很多并没有包含当年已经辞职的独立董事，因此结合了从上市公司年报中手工收集的独立董事数据进行补充，最后得到曾经于 2004~2005 年期间在沪市上市公司任职的独立董事 5735 人作为研究的样本。其中，2004 年共有任职的独立董事 2903 人，2005 年共有任职的独立董事 2832 人。②根据这一样本从 CSMAR 违规处理数据库提取样本中独立董事所任职的上市公司违规被证券监管部门处罚的数据，以及独立董事个人受到证券监管部门处罚的数据。③根据这一样本从上市公司年报手工收集独立董事发表异议和辞职的数据。本章的研究数据主要来源于国泰安（CSMAR）数据库，独立董事公开发表异议和辞职的数据由笔者根据沪市上市公司年报手工整理得到，参考了巨潮资讯网（www.cninfo.com.cn）。之所以选择 2004 年、2005 年和 2007 年的数据是因为，2004 年我国的独立董事制度已经基本建立，上市公司均已配备了独立董事。独立董事任期一般为三年，而 2004 年距 2007 年有三年时间跨度，可以保证 2007 年的独立董事并不是由于上一任期没有结束而继续任职，而是建立在独立董事过去表现的基础上得到了新的任职机会。因此，预测 2004 年独立董事的样本更能够有效地检验本章所提出的假设；相对来说，2005 年独立董事的样本中，可能有一部分独立董事，由于 2005 年和 2007 年处在同一任期这个原因，其过去的表现可能还没来得及被独立董事劳动力市场识别和反映出来，因此统计结果的显著性可能受到影响。

第三节 实证分析

一、变量的定义

本章主要变量的定义如表 7-1 所示。

表 7-1　变量的定义

	变　量	符　号	定　义
因变量	2007 年独立董事职务数量	Pos	2007 年独立董事在中国沪、深两地上市公司拥有独立董事职位的数量，取值从 1 到 6
解释变量	董事会出席率	Meet	独立董事亲自参加董事会会议的比例
	独立董事异议数	Sug	哑元变量，如果当年独立董事对于董事会决议公开发表异议则取值为 1，否则取值为 0
	公司违规处罚	Punish	哑元变量，如果上市公司在当年受到证券监管部门做出的违规处罚则取值为 1，否则为 0
	个人受到处罚	Dirpunish	哑元变量，如果独立董事违规受到处罚则取值为 1，否则为 0
控制变量	薪酬	Lnpay	独立董事的年度薪酬取自然对数
	年龄	Lnage	独立董事的年龄
	独立董事是否辞职	Resign	哑元变量，如果当年独立董事提出辞职则取值为 1，否则取值为 0
	背景	Background	独立董事的专业背景，分为三类：（1）高校和科研机构；（2）会计、律师、咨询顾问等专业服务机构；（3）实业界及其他
	独立董事性别	Male	如果独立董事为男性则取 1；女性则取 0

二、分年度独立董事样本检验

依据 2004 年的独立董事样本和 2005 年的独立董事样本对于发表异议的和未发表异议的独立董事在 2007 年拥有的职位数量进行独立样本 t 检验，结果见表 7-2 和表 7-3。2004 年公开发表异议的独立董事在 2007 年的任职数量的均值明显低于在 2004 年没有发表异议的独立董事，而且从 Levene's 等方差齐次性检验的结果来看，显著性概率小于 5%，应该选择非等方差检验，T 检验的结果显著性小于 5%，说明两组样本的差异具有统计意义。但是，2005 年的独立董事样本显示两组样本均值的差异比较小，而且等方差齐次性检验和 T 检验的结果显示两组样本的差异并不具有统计意义。我们预测，2004 年的独立董事样本与 2007 年之间间隔的时间比较长而更加具有检验的价值，而实际样本检验的结果也说明，2004 年的独立董事样本均值差异更加具有统计意义，这与我们的预测是一致的。样本检验的结果说明，对于董事会决议公开发表了不同意见的独立董事未来得到的职位数量更少，说明大股东可能具有“挑选”独立董事的倾向，更加喜欢选聘支持董事会意见的独立董事。假设 2 不成立。

表 7-2 发表异议的和未发表异议的独立董事未来聘任机会的对比

样本时间	Sug	N（数量）	Mean（均值）	Std. Deviation（标准差）	Std. Error Mean（标准误）
2004 年	0.00	2601	1.2826	1.22558	0.02403
	1.00	60	0.9167	1.21141	0.15639
2005 年	0.00	2524	1.3823	1.21558	0.02420
	1.00	74	1.3243	1.30445	0.15164

表 7-3 发表异议的和未发表异议的独立董事 2007 年任职数量的独立样本 t 检验

样本时间	对比指标		Levene's 等方差假设检验		T 检验				
			F	Sig.	t	Sig.	均值检验	Sig.	
								Lower	Upper
2004 年	pos	等方差假设	0.039	0.844	2.287	0.022	0.36592	0.05219	0.67964
		非等方差假设	—	—	2.313	0.024	0.36592	0.04961	0.68223
2005 年	pos	等方差假设	1.278	0.258	0.404	0.686	0.05801	-0.22371	0.33972
		非等方差假设	—	—	0.378	0.707	0.05801	-0.24778	0.36379

用同样的方法对 2004 年和 2005 年在受到违规处罚的公司和未受到违规处罚的公司任职的独立董事，2007 年职位的数量进行独立样本 t 检验，发现无论是 2004 年的独立董事样本还是 2005 年的独立董事样本，在受到违规处罚的公司担任独立董事的人士，在 2007 年拥有的任职数量都明显减少，而且方差齐次性检验和 T 检验的结果非常显著，说明两组样本的均值非常具有统计意义（见表 7-4 和表 7-5）。Fama and Jensen（1983）认为，公司发生违规行为，独立董事往往被视为失职，独立董事的人力资本大为贬值，因而未来拥有的职位数量也会减少，本样本检验的结果证实了他们所提出的理论逻辑。这说明我国的独立董事市场对于独立董事的表现有一定的区分能力，对于失职的独立董事有一定的惩罚机制，从这方面来看，我国的独立董事市场可能具有一定的有效性。

表 7-4 受到和未受到违规处罚的上市公司独立董事未来聘任机会对比

样本时间	Punish	N	Mean	Std. Deviation	Std. Error Me
2004 年	0.00	2779	1.2767	1.22961	0.02333
	1,00	124	0.8710	1.00380	0.09014
2005 年	0.00	2731	1.3980	1.21474	0.02324
	1.00	101	0.8020	0.84876	0.08445

表 7-5　受处罚公司和未受处罚公司的独立董事 2007 年任职数量的独立样本 t 检验

样本时间	对比指标		Levene's 等方差假设检验		T 检验				
			F	Sig.	t	Sig.（2-tailed）	均值检验	Sig. Lower	Sig. Upper
2004 年	pos	等方差假设	5.169	0.023	3.621	0.000	0.40575	0.18603	0.62547
		非等方差假设	—	—	4.358	0.000	0.40575	0.22166	0.58984
2005 年	pos	等方差假设	15.658	0.000	4.887	0.000	0.59604	0.35689	0.83520
		非等方差假设	—	—	6.805	0.000	0.59604	0.42254	0.76954

三、回归模型检验

由于样本检验的结果未能考虑各变量之间的相互影响，未必能够真实地反映独立董事的各种特征对于聘任机会的实际影响，因此，为了更好地验证本章开头所提出的假设，以 2007 年独立董事的任职数量为因变量，以影响独立董事聘任机会的各种特征变量为自变量，设计了以下实证回归模型：

$$Pos = a_0 + a_1 Meet + a_2 Sug + a_3 Punish + a_4 Dirpunish + a_5 Lnpay + a_6 Lnage + a_7 Resign + a_8 Background + \varepsilon$$

为了防止各变量之间存在严重的多重共线性，首先对于各变量进行 Pearson 相关系数检验。检验的结果见表 7-6。

表 7-6　各主要变量的 Pearson 相关系数

		Pos	sug	resign	punish	Dirpunish	lnpay	Meet
Sug	系数	-0.024*	1					
	Sig.	(0.076021)						
Resign	系数	-0.140***	0.051***	1				
	Sig.	(0.000)	(0.000)					
Punish	系数	-0.079***	0.113***	0.102***	1			
	Sig.	(0.000)	(0.000)	(0.000)				
Dirpunish	系数	-0.035***	0.013	0.125***	0.213***	1		
	Sig.	(0.008)	(0.347)	(0.000)	(0.000)			
Lnpay	系数	0.106***	0.003	-0.065***	-0.038***	0.001	1	
	Sig.	(0.000)	(0.810)	(0.000)	(0.006)	(0.946)		
Meet	系数	0.049***	-0.041***	-0.152***	-0.083***	-0.071***	0.006	1
	Sig.	(0.000)	(0.004)	(0.000)	(0.000)	(0.000)	(0.677)	
Lnage	系数	-0.049***	-0.016	0.003	-0.048***	0.003	0.053***	0.003
	Sig.	(0.000)	(0.265)	(0.844)	(0.000)	(0.801)	(0.000)	(0.808)

注："***"、"**"、"*" 分别表示显著性水平为 1%、5%和 10%。

从 Pearson 相关系数检验的结果看，除了上市公司受到违规处罚与独立董事个人受到处罚之间存在一定的相关性（0.213）之外，其他的自变量之间的相关系数很小，并不存在严重的多重共线性问题。同时，还可以发现，因变量独立董事在 2007 年拥有的职位数量与大部分自变量之间都有显著的相关关系，其中，与独立董事发表异议显著负相关，与上市公司受到处罚、与独立董事个人受到处罚显著负相关，这与我们样本检验的结论一致。独立董事职位数量还与独立董事辞职显著负相关，说明辞职的独立董事拥有的职位数量会减少；独立董事职位数量与独立董事的年龄显著负相关，说明年龄大的独立董事未来得到职位数量会减少。

四、实证结果与分析

用 SPSS 软件对于 2004 年独立董事样本和 2005 年独立董事样本分别回归的结果如表 7–7 所示。从 2004 年独立董事样本回归的结果来看，独立董事发表异议与未来得到新的聘任机会之间存在显著的负相关关系，说明大股东会“回避”与自己意见不一致的独立董事，“挑选”与自己意见更加吻合的独立董事，因此，工作表现出色的独立董事可能得不到来自独立董事市场的声誉激励。这一分析结论与支晓强、童盼（2005）的研究结论的指向一致，他们发现独立董事变更的概率和比例与大股东变更存在显著正相关关系，也就是说，当公司的控制权发生变更时，新的控制者有很强的动机提名并最终选出自己的“独立董事”，大股东有“选择”独立董事、“购买”独立董事意见的动机和表现。结合本书的研究则可以发现，大股东的这种行为很可能使得独立董事的声誉激励机制失效。

但是，2004 年样本的回归还显示，独立董事亲自参加董事会会议的比率越高，未来得到新的董事会职位的概率越大，这一点与人们的常识相符；试想独立董事连亲自参加董事会都做不到，如何在多家公司担任职务。而这也说明独立董事市场对于勤奋的、认真履行职责的独立董事给予了一定的奖励。但是 2005 年的样本回归的结果，独立董事异议和亲自参加董事会比例两个变量均与未来的职位数量没有显著的相关关系，这可能是因为，数据选取的年度间隔的时间较短，独立董事的工作表现还没有被市场所观察到。

上市公司违规处罚与独立董事未来得到的聘任机会显著负相关，并且2004年和2005年的独立董事样本回归的结果都很显著，这说明上市公司的不良表现会显著地降低独立董事的人力资本价值，独立董事市场对于独立董事人力资本的下降能够加以察觉和区分，证明了本章提出的假设3成立。但是，独立董事个人受到处罚与未来的聘任机会并不显著相关，这可能是因为，独立董事个人处罚的信息并不像上市公司处罚的信息那样引人注意。

独立董事的薪酬与未来的任职机会显著正相关，这可能是因为，薪酬高的独立董事本身具有更高的人力资本价值，因而得到的聘任机会也更多。独立董事的年龄与任职机会呈显著的负相关关系，我国的独立董事的平均年龄并不低，这一统计结果说明，年龄大的独立董事可能会由于健康原因无法承担多家公司独立董事的工作，而年轻的独立董事承担多家公司独立董事职位的可能性更大。

表7–7　实证模型回归结果

变量	2004年独立董事样本	2005年独立董事样本	预测符号
C	–0.338 (0.640)	0.057 (0.938)	?
Sug	–0.396** (0.015)	0.045 (0.767)	–
Resign	–0.783* (0.083)	–1.078*** (0.005)	–
Punish	–0.311** (0.018)	–0.445*** (0.008)	–
Dirpunish	–0.444 (0.307)	0.251 (0.737)	–
Lnpay	0.243*** (0.000)	0.209*** (0.000)	?
Male	0.121 (0.137)	0.193** (0.019)	+
Meet	0.438*** (0.002)	0.249 (0.131)	+
Lnage	–0.423*** (0.001)	–0.367*** (0.005)	?
Background1	0.553*** (0.000)	0.469*** (0.000)	?
Background2	0.080 (0.260)	0.015 (0.835)	?
R–square	0.07	0.06	

说明：括号中是P统计量。* 表示在10%的水平上显著（双尾）；** 表示在5%的水平上显著（双尾）；*** 表示在1%的水平上显著（双尾）。

值得注意的是，在对于独立董事专业知识背景的控制中，发现在不同职业背景的独立董事中，具有高校和研究机构的知识背景使得独立董事在2007年得到的独立董事职位数更多，而拥有会计师、律师、咨询顾问以及实业界的背景则并没有显著增加未来获得独立董事职位的可能。

因此，从实证回归结果来看，所任职上市公司的被处罚会对独立董事的任职产生负面影响；同时，与大股东意见相左也会显著影响独立董事将来的任职机会。这可能是因为，上市公司被处罚这类事件代表独立董事的失职行为已经表面化而显而易见，因此，上市公司在挑选独立董事的时候，为了避免对于本公司造成声誉上的不利的影响会避免选择曾经与问题公司有关系的独立董事；但是，独立董事在决策监管中的出色表现是相对隐含的信息，即使聘请对于监督工作的表现并不出色的独立董事，也不容易被公众所发现和谴责。因此，独立董事劳动力市场对于监管不严格但是尚未表现为严重的违规失职事件的独立董事是欢迎的。

小　结

本章对于独立董事劳动力市场的运作机制进行了研究，对于我国独立董事市场的有效性问题，我们得出的结论包括两个方面：一方面，我国的独立董事市场能够识别已经表现为处罚案件的独立董事显著的失职表现，并对此加以惩罚；但是另一方面，市场对于独立董事的监督工作的表现本身并没有提供合理的激励，工作表现出色的独立董事也难以得到市场的奖励，反而可能会降低自己的人力资本价值。

本章得出的研究结论能够有效地解释本书第五章和第六章的实证研究结论。本书第五章的实证研究表明，独立董事的职位数量与所任职企业的关联交易并没有显著的相关关系，也就是说，独立董事的市场声誉与他们对于关联交易的监管工作没有直接的联系，因此声誉激励不能促使独立董事更好地抑制关联交易；本书的第六章表明，独立董事声誉激励对于独立董事的辞职选择却具有一定的激励效果，独立董事会为了维护自身的声誉而回避公司的事项风险。根据本章对于独立董事市场有效性的研究，可以这样解释：在被处罚的上市公司工作的独立董事，未来的人力资本会贬值，因此，独立董事在作辞职选择的

时候非常注意回避上市公司违规丑闻等事项风险，以防止被市场识别为失职的独立董事；但是对日常发生的关联交易和其他潜在风险监管不严格的独立董事，只要还没有经历上市公司的违规丑闻，其市场声誉就不会受到很大的影响，反而会比监管严格的独立董事更加受到其他上市公司的“欢迎”，得到更多的聘任机会。因此，声誉激励并不能够促使独立董事加强对关联交易的监管和对潜在的财务风险的防范。

第八章　研究结论与局限性

第一节　主要结论

本书在对国内外独立董事声誉激励文献的收集和整理基础上，对于我国独立董事声誉激励以及独立董事市场有效性进行了观察思考。从关联交易和独立董事辞职事件的角度对我国的独立董事声誉激励的有效性进行了一定的实证分析和检验，并对形成我国独立董事声誉机制的市场机制进行了一定的分析。本书主要得出了以下结论：

（1）独立董事市场没有为独立董事抑制关联交易提供有效的声誉激励，同时，我国目前的独立董事固定薪酬激励效果也并不明确。因此，在缺乏激励的情况下，单纯地提高独立董事在董事会中的绝对数量和相对数量，并不能有效地减少关联交易。在集中的股权结构下由大股东选聘的独立董事难以实现其应有的决策监督的功能。这是由于独立董事市场对于监管表现优秀的独立董事并没有给予更高的声誉回报。

（2）独立董事的声誉激励对于独立董事的辞职选择能够产生影响，但独立董事更注重规避短期的重大事项风险，而忽视长期的财务风险。独立董事为了维护自身的声誉，非常注重回避上市公司的违规受到惩罚、被 ST 处理、审计意见非标准等重大的事项风险，但是上市公司财务风险的存在对于独立董事辞职选择并没有显著的影响，说明独立董事并不十分关注公司的潜在风险对于其个人声誉的影响。

（3）我国的独立董事市场能够识别已经表现为处罚案件的独立董事显著的

失职表现，并对此加以惩罚。但是市场对于独立董事监督工作的表现本身并没有提供合理的激励，工作表现出色的独立董事也难以得到市场的奖励，反而可能会降低自己的人力资本价值。这可能是因为控股股东在选择独立董事的时候并不是选择在监管工作中表现优秀的独立董事。同时，控股股东也会回避曾在被处罚公司工作的独立董事，以避免对自身的名誉造成不利的影响。

这也进一步应证了本文的结论（1）和结论（2）。正因为独立董事劳动力市场只“惩罚”在违规公司工作的独立董事，而不“奖励”认真履行监管职能的独立董事，所以独立董事们十分关注短期事项风险，以免被市场“惩罚”，而忽视公司经营过程中的潜在风险，以免“得罚”大股东，降低自己获得新聘任机会的可能性。在风险与收益之间“走钢丝”的独立董事，其地位显得十分尴尬。

（4）对于独立董事声誉激励的分析表明，大股东控制独立董事的选聘程序是独立董事得不到有效的市场声誉激励的主要原因，也是制约我国独立董事制度进一步发展和完善的主要障碍。因此，要使独立董事制度在我国上市公司的治理结构中更好地发挥作用，必须要大力改革独立董事的选聘程序和选聘机制。

第二节　研究局限与可能的进一步研究

（1）由于国内对于独立董事声誉机制的研究文献较少，声誉和声誉激励本身也难以定量，本书在独立董事声誉和声誉激励的衡量指标的选取上可能存在一定的主观性和局限性。本书选取独立董事的任职数量来反映独立董事的声誉，选取独立董事对于风险的关注程度和独立董事发表异议与否来反映独立董事受到声誉激励的程度，这些指标的选取未必能够完全体现独立董事声誉的水平和声誉激励的影响程度。考虑到数据的可获得性，这些指标的选取是相对合理的。进一步的研究可以选取其他更为合理的指标来衡量独立董事的声誉和声誉激励。

（2）本书只是从独立董事的监督功能角度来研究独立董事声誉激励的有效性，事实上独立董事还具有企业顾问的功能，上市公司聘请独立董事的目的，

有可能是为了充分利用独立董事的专业知识和社会能力，推动企业的业绩增长。但是本书并没有考虑独立董事的激励机制对于上市公司业绩的影响。由于已有的文献通常从独立董事的绝对数量和相对数量来研究独立董事制度对于公司业绩的影响，进一步的研究可以考虑独立董事的激励机制如何影响企业业绩的增长。

（3）本书没有采取问卷调查的方式进行研究，因此可能遗漏重要的研究信息。独立董事的声誉有时可能是出于独立董事个人的心理感受，因此如果采取问卷调查的方式可能能够得到更多的可供研究的信息。但由于本书的目的旨在研究独立董事的市场声誉和独立董事市场本身的有效性，因此采用了可观察的市场数据和公司治理数据进行分析，这具有一定程度的合理性。

参考文献

1. Anup , A. , and Knoeber , C. R. , Firm Performance and Mechanisms to Control Agency Problems Between Managers and Shareholders, Journal of Finance and Quantitative Analysis, 1996, 31: 377–397

2. Principles of Corporate Governance: Analysis and Recommendation, American Law Institute, 1994, 1: 34

3. Arthur, N., Board Composition as the Outcome of an Internal Bargaining Process: Empirical Evidence, Journal of Corporate Finance, 2001, 7: 307–340

4. Agrawal, Anup and Knoeber, Charles R. Firm Performance and Mechanisms to Control Agency Problems between Managers and shareholders. Journal of Financial and Quantitative Analysis, September 1996, 31: 377–397

5. Bai, Chong –En, Qiao Liu, Joe Lu, Frank M. Song, Junxi Zhang, Corporate governance and Market Valuation in China, Journal of Comparative Economics, 2004, 32: 599–616

6. Baker, George P., Michael C. Jensen, and Kevin J. Murphy, Compensation and incentives: Practice vs. theory, Journal of Finance, 1988, 43: 593–616

7. Barnhart and Rosenstein, Board Composition, Managerial Ownership, and Firm Performance: An Empirical Analysis, Financial Review, 1998, 33: 1–16

8. Baysinger, B. D, H and N Bulter, Corporate Governance and the Board of Directors: Performance Effects of Changes in Board Composition, Journal of Law, Economics and Organization, 1985, 1: 101–124

9. Bengt Holmstrom, Paul Milgrom, Aggregation and Linearity in the Provision of Intertemporal Incentives, Econometrica, 1987, 2: 303–328

10. Bengt Holmstorm, Managerial incentive problems: a dynamic perspective, the Review of Economic Studies Limited, 1999, 66: 169–182

11. Bengt Holmstrom, Moral Hazard in Teams, Bell Journal of Economics, Autumn 1982, 13: 324–340

12. Benjamin E. Hermalin, Michael E. Weisbach, "The Determinants of Board Composition", the RAND Journal of Economics, 1988, 19: 589–606

13. Berle and Means, The Modern Corporation and Private Property, Commerce Clearing House Inc., 1932

14. Bernard Black, Brian Cheffins, Liability Risks for Outside directors: A Cross–Boarder Analysis, working paper, Standford Law School, 2004

15. Black, Bernard, The Core Fiduciary Duties of Outside Directors, Asia Business Law Review, July 2001: 3–16.

16. Bhagat, Sanjai and Black, Bernard, Do Independent Directors Matter? Working paper, Columbia University, 1996

17. Booth, James R. and Deli, Daniel N. Factors Affecting the Number of Outside Directorships Held by CEOs, Journal of Financial Economics, 1996, 40: 81–104

18. Brickley, James A. Coles, Jeffrey L. and Terry, Rory L., Outside Directors and the Adoption of Poison Pills, Journal of Financial Economics, 1994, 35: 371–390

19. Brickley James A. and James, Christopher M., the Takeover Market, Corporate Board Composition, and Ownership Strtucture: The Case of Banking, Journal of Law and Economics, 1987, 30: 161–180

20. Borokhovich, Parrino and Trapani, "Outside Director and CEO Selection", Journal of Financial and Quantitative Analysis, 1996, 31: 337–355

21. Byrd, John W. and Hichman, Kent A., Do Outside Directors Monitor Manager? Evidence from Tender Offer Bids, Journal of Financial Economics, 1992, 32: 195–221

22. Chen, C. J. P., and B. Jaggi, Association between Independent Non–executive Directors, Family Control and Financial Disclosures in Hong Kong,

Journal of Public Policy, 2000, 19: 285-310

23. Claessens, S., S. Djankov, J. Fan, and H. P. Lang, Disentangling the Incentive and Entrenchment Effects of Large Shareholdings, Journal of Finance, 2002, 6: 2741-2771

24. Coase, R., The nature of the Firm, Economica, 1937, 4, Reprinted in Stigler, G., and Boulding, K., Reading in Price Theory, Homewood, 1952

25. Coles, Jeffrey L., and Chun Keung Hoi, New evidence on the market for directors: Board membership and Pennsylvania Senate Bill 1310, Journal of Finance, 2003, 58: 197-230.

26. David Yermack, Higher Valuation of Companies with a Small Board of Directors, Journal of Financial Economics, 1996, 40: 185-212

27. David, Yermack, Remuneration, retention, and reputation incentives for outside directors, Journal of Finance, 2004, 5: 2281-2308

28. Demb, Ada and Neubauer, F. Friedrich., the Corporate board. Oxford: Oxford University Press, 1992

29. Donaldson, L., and Davis, J . H., Boards and Company Performance-Research Challenges the Conventional Wisdom, Corporate Governance: An International Review, 1994, 2: 151-160.

30. Eliezer M. Fich, Anil Shivdasani, Financial Fraud, Director Reputation, and Shareholder Wealth, Journal of Financial Economics, 2007, 86: 306-336

31. Fama, Agency Problems and the Theory of the Firm, the Journal of Political Economy, 1980, 88: 288

32. Fama, Jensen, Separation of ownership and control, Journal of Law and Economics, 1983, 26: 301-325

33. Ferris, Stephen P., Murali Jagannathan, and Adam C. Pritchard, Too busy to mind the Business? Monitoring by directors with multiple board appointments, Journal of Finance, 2003, 58: 1087-1112

34. Ford , H., Outside Directors and The Privately-owned Firm: Are They Necessary? Entrepreneurship Theory and Practice, 1988, 13 : 49-57

35. Gertner, Robert and Kaplan, Steven N., the Value-Maximizing Board,

Working paper, University of Chicago, 1997

36. Gilson, Stuart C., Bankruptcy, Boards, Banks, and Blockholders: Evidence on Changes in Corporate Ownership and Control When Firms Default, Journal of Financial Economics, 1990, 27: 355-387

37. Hallock, Kevin, Reciprocally Interlocking Boards of Directors and Executive Compensation, Journal of Financial and Quantitative Analysis, 1997, 32: 331-344

38. Harford, Jarrad, Takeover bids and target directors' incentives: The impact of a bid on directors wealth and board seats, Journal of Financial Economics, 2003, 69: 51-83

39. Helland, E., Reputational Penalties and the Merits of Class Action Securities Litigation, Journal of Law and Economics, 2006, 49: 365-395

40. Helmich, D. L., Organizational Growth and Succession Patterns, Academy of Management Journal, 1974, 17: 771-775

41. Helmich, D. L. and W. B Brown, Successor Type and Organizational Change in the Corporate Enterprise, Administrative Science Quarterly, 1972, 17: 371-381

42. Hermalin, Benjamin E. and Weisbach, Michael S. the Determinants of Board Composition, Rand Journal of Economics, Winter 1988, 19: 589-606

43. Hermalin, B. and M. Weisbach, The Effect of Board Composition and Direct Incentives on Firm Performance, Financial Management, 1991, 21: 101-112

44. Hermalin and Weisbach, Endogenously choosen boards of directors and their monitoring of the CEO, the American Economic Review, 1998, 88: 96-118

45. Hirschman, A.O. Exit, voice, and loyalty, response to decline in firms, organizations and states, Harvard University Press, Cambridge, MA, 1970

46. Jensen, M., The Eclipse of the Public Corporation, Harvard Business Review, 1989, 67: 61-74

47. Jensen, Murphy, Performance pay and top -management incentives, Journal of Political Economy, 1990, 98: 225-264

48. Jensen, The Modern Industrial Revolution: Exit, and the Failure of Internal Control Systems, Journal of Finance, 1993, 48: 831–879

49. Jensen, the Modern Industrial Revolution, Exit, and Failure of Internal Control Systems, The Journal of Finance, 1993, 48: 831–880

50. John, Teresa A., and Kose John, Top–management compensation and capital structure, Journal of Finance, 1993, 48: 949–974.

51. Johnson, S., P. Boone, A. Breach, E. Friedman. Corporate Governance in the Asian Financial Crisis, Journal of Financial Economics, 2000, 58: 141–186

52. Johnson, S., Laporta, F., Lopez–De–Silanes, A., Shleifer, Tunnelling, American Economic Review, 2000, 90: 22–27

53. Judge, W.Q. Outside director response to decline in firms, organizations and states. Harvard University Press, Cambridge, MA, 1995

54. Kang, J. and A. Shivdasani, Firm Performance, Corporate Governance, and Top Executive Turnover in Japan, Journal of Financial Economics, 1995, 38: 29– 58

55. Kaplan, Steven N., and Reishus, David, Outside Directorships and Corporate Performance, Journal of Financial Economics, 1990, 27: 389–410

56. Kini, Omesh; Krakaw, William and Mian, Shehzad, Corporate Takeovers, Firm Performance, and Board Composition, Journal of Corporate Finance, 1994, 1: 383–412

57. Klein, April, Firm Performance and Board Committee Structure, Journal of Law and Economics, 1998, 41: 137–165

58. Kreps, D. and R. Wilson, Reputation and Imperfect Information, Journal of Economics Theory, 1982, 27: 253–279

59. La Porta, R., F. Lopez–de–Silanes, A. Shleifer, R. Vishny., Corporate Ownership Around The World, The Journal of Finance, 1999, 54: 471–517

60. La Porta, R., F. Lopez–de–Silanes, A. Shleifer, R. Vishny. Investor Protection and Corporate Goverance, Journal of Financial Economics, 2000, 58: 3–27

61. La Porta, R., F. Lopez-de-Silanes, A. Shleifer, R. Vishny., Investor Protection and Corporate Valuation, The Journal of Finance, 2002, 57: 1147-1170

62. Linn, Scoot, C. and Daniel Park, Outside director compensation policy and the investment opportunity set, unpublished manuscript, University of Oklahoma, 2003

63. Lipton, Martin and Lorsch, Jay W. A Modest Proposal for Improved Corporate Governance, Business Lawyer, 1992, 48: 59-77

64. Lorsch, Jay W. and MacIver, Elizabeth. Pawns or potentates: The reality of America's Corporate Boards, Boston: Harvard Business School Press, 1989

65. Mace, Myles L. Directors: Myth and reality, Boston: Harvard Business School Press, 1971

66. Mark, Y. T., and Y. Li, Determinations of Corporate Ownership and Board Structure: Evidence From Singapore, Journal of Corporate Finance, 2001

67. Mace, Myles L., Directors: Myth and reality, Boston: Division of research, Harvard Business School, 1971

68. Mehran, H., Executive Compensation Structure, Ownership and Firm Performance, Journal of Financial Economics, 1995, 38: 163-184

69. Milton Harris, Bengt Holmstrom, A Theory of Wage Dynamics, Review of Economic Studies, 1982: 315-333

70. Nader, R., M. Green, and J. Seligman, Taming the Giant Corporation, New York : W.W. Norton Co., 1976

71. Perry, Tod, Incentive compensation for outside directors and CEO turnover, unpublished manuscript, University of Oklahoma, 2000

72. R. H. Coase, the Problem of Social Cost, Journal of Law and Economics, 1960, 3: 1-44

73. Rosenstein, Stuart and Wyatt, Jeffery G., Outside Directors, Shareholder Independence, and Shareholder Wealth, Journal of Financial Economics, 1990, 26: 175-192

74. Shivdasani, Anil, Board Composition, Ownership Structure, and Hostile

Takeovers, Journal of Accounting and Economics, 1993, 16: 167-197

75. Shivdasani, Anil, and David Yermack, CEO involvement in the selection of new board members: An empirical analysis, Journal of Finance, 1999, 54: 1829-1853.

76. Shleifer, A., R.W.Vishny, A Suvery of Corporate Governance, The Journal of Finance, 1997, 52: 737-783

77. Srinivasan, S., Consequences of Financial Reporting Failure for Outside Directors: Evidence From Accounting Restatements, Journal of Accounting Research, 2005, 43: 291-334

78. Warther, Vincent A., Board Effectiveness and Board Dissent: A Model of the Board's Relationship to Management and Shareholders, Working paper, University of Michigan, 1994

79. Weisbach, M S, Outside Directors and CEO Turnover, Journal of Financial Economics, 1988, 20: 431-460

80. William O., Michael T., Exit, Voice, and the Role of Corporate Directors: Evidence From Acquisition Performance, Working Paper, Claremont Colleges, 1996

81. Wolfenzon, D., A Theory of Pyramidal Structures, Working Paper, Harvard University, 1999

82. 蔡元庆:《独立董事与上市公司的经营监督机制》,《当代法学》2003 年第 2 期

83. 曹立:《委托代理关系与独立董事制度设计》,《财经理论与实践》2001 年第 9 期

84. 陈旭东、王锦华:《上市公司内部治理机制对关联交易影响的实证分析》,《财会通讯》(学术版)2007 年第 11 期

85. 陈国辉、孙继彬:《独立董事制度功能实现机制探寻》,《财经问题研究》2004 年第 1 期

86. 陈宏辉、贾生华:《信息获取、效率替代与董事会职能的改进——一个关于独立董事作用的假说性诠释及其应用》,《中国工业经济》2002 年第 2 期

87. 杜胜利、张杰:《独立董事薪酬影响因素的实证研究》,《会计研究》2004

年第9期

88. 范英杰：《独立董事制度的理性思考》，《会计研究》2006年第6期

89. 封思贤：《独立董事制度对关联交易影响的实证研究》，《商业经济与管理》2005年第3期

90. 高雷、罗洋、张杰：《独立董事制度特征与公司绩效——给予中国上市公司的实证研究》，《经济管理与研究》2007年第3期

91. 高晋康、汤火箭、穆良平：《我国何以移植独立董事制度》，《经济学》2002年第3期

92. 高勇：《独立董事制度与上市公司治理》，《经济体制改革》2002年第1期

93. 官欣荣：《独立董事制度与公司治理：法理和实践》，中国监察出版社2003年版

94. 郭强、蒋东生：《不完全契约与独立董事作用的本质及有效性分析——从传统法人治理结构的缺陷论起》，《管理世界》2003年第2期

95. 顾功耕、罗培新：《论我国建立独立董事制度的几个法律问题》，《中国法学》2001年第6期

96. 郝旭光、黄人杰：《关于我国上市公司建立独立董事制度的探讨》，《财贸经济》2003年第6期

97. 何问陶、王金全：《我国独立董事制度的实证分析》，《财贸经济》2002年第9期

98. 简宇寅、谭劲松、周繁：《独立董事任职选择研究：理论框架与实证分析》，《工作论文》2006年版

99. 蒋大兴：《独立董事：在传统框架中行动？——超越公司致力改革的异向思维》，《法学评论》2003年第2期

100. 蒋义宏、吴志刚：《独立董事津贴与控股股东利益关联性》，《证券市场导报》2004年第1期

101. 姜玉梅：《独立董事制度监督功能分析》，《社会科学研究》2004年第1期

102. 孔祥：《中外独立董事的比较研究》，《管理世界》2002年第8期

103. 李洪、张德明：《独立董事与公司治理绩效的灰色关联分析》，《经济管理》2006年9月

104. 李惠眉：《董事会的劳动力市场》，《公司治理结构：中国的实践与美国的经验》，梁能主编，中国人民大学出版社 2000 年版

105. 李康、叶雅、张明坤：《独立董事退出现象研究》，《证券市场周刊》，2004 年第 29 期

106. 李善民、陈正道：《独立董事制度与股东的财富变化》，《中山大学学报》（社会科学版）2002 年第 5 期

107. 李守明、于浩瀛、刘群：《上市公司独立董事制度的博弈分析》，《科技进步与对策》2002 年 5 月

108. 李维安、武立东：《公司治理教程》，上海人民出版社 2002 年版。

109. 刘建民：《中国上市公司非公平关联交易的影响因素研究》，重庆大学，《博士学位论文》2007 年版

110. 刘宁静、邱文武：《独立董事制度建设和公司治理结构完善》，《财经理论与实践》2002 年第 11 期

111. 刘星、高云成、米旭明：《从独立董事的薪酬制度透析其独立性》，《财经理论与实践》2002 年第 4 期

112. 娄芳：《国外独立董事制度的研究现状》，《外国经济与管理》2001 年第 12 期

113. 娄芳、原红旗：《独立董事制度：西方的研究和中国实践中的问题》，《改革》2002 年第 2 期

114. 鲁桐：《独立董事制度的发展及其在中国的实践》，《世界经济》2002 年第 6 期

115. 毛宗平、川文：《我国新股发行定价效率实证研究》，《现代经济探讨》2004 年第 2 期

116. 马金城：《独立董事制度：国际经验及其借鉴》，《财经问题研究》2002 年第 8 期

117. 孟焰、张秀梅：《上市公司关联方交易盈余管理与关联方利益转移关系研究》，《会计研究》2006 年第 4 期

118. 彭真明、江华：《美国独立董事制度与德国监事会制度之比较——也论中国公司治理结构模式的选择》，《法学评论》2003 年第 1 期

119. 齐善鸿、曾昊、乐国林：《独立董事的“法人制度”设计》，《南开管理

评论》2004 年第 6 期

120. 钱胜：《从安然破产谈独立董事制度存在的几个问题》，《经济管理》2002 年第 9 期

121. 邱风、张青：《我国独立董事激励约束机制的博弈分析》，《当代财经》2006 年第 5 期

122. 邱金辉、张恒：《后股权分置时期中国上市公司独立董事激励研究》，《财经问题研究》2006 年第 9 期

123. 裘宗舜等：《对现行上市公司独立董事制度的一些思考》，《当代财经》2005 年第 2 期

124. 上海证券交易所研究中心：《中国公司治理报告（2004）：董事会独立性与有效性》，复旦大学出版社 2004 年版

125. 邵少敏、吴沧澜、林伟：《独立董事和董事会结构、股权结构研究：以浙江省上市公司为例》，《世界经济》2004 年第 2 期

126. 邵少敏：《我国独立董事制度研究》，立信会计出版社 2005 年版

127. 邵少敏、吴沧澜、林伟：《国外独立董事研究》，《世界经济》2003 年第 4 期

128. 盛洪：《现代制度经济学（上下卷）》，北京大学出版社 2003 年版

129. 苏珊·F.舒尔茨：《董事会白皮书》，中国人民大学出版社 2003 年版

130. 谭劲松：《独立董事与公司治理：基于我国上市公司的研究》，中国财政经济出版社 2003 年版

131. 谭劲松、李敏仪等：《我国上市公司独立董事制度若干特征分析》，《管理世界》2003 年第 9 期

132. 谭劲松：《独立董事激励和约束机制研究》，《中山大学学报》（社会科学版）2003 年第 4 期

133. 唐清泉著：《知识型花瓶式有威慑作用的独立董事》，中山大学出版社 2005 年版

134. 唐清泉：《我国独立董事制度的动机与作用——基于深圳股票市场的实证研究》，《改革》2005 年第 6 期

135. 唐清泉：《设置独立董事一定能够提升公司业绩?》，《经济管理》2006 年第 1 期

136. 唐清泉、罗党论:《独立董事制度实施效果分析——基于上市公司关联交易的证据》,《南方经济》2006 年第 9 期

137. 唐清泉、罗党论、王莉:《上市公司独立董事辞职行为研究——基于前景理论的分析》,《南开管理评论》2006 年第 9 期

138. 唐清泉、罗党论:《风险感知力与独立董事辞职行为研究——来自中国上市公司的经验》,《中山大学学报》(社会科学版) 2007 年第 1 期

139. 唐清泉、叶艳芬:《独立董事行权的有效性与实现途径——基于独立董事问卷调查的研究》,《经济管理》2006 年第 11 期

140. 唐跃军,肖国忠:《独立董事制度的移植及其本土化———基于对 500 家中国上市公司的问卷调查》,《财经研究》2004 年第 2 期

141. 王兵:《独立董事监督了吗?——基于中国上市公司盈余质量的视角》,《金融研究》2007 年第 1 期

142. 王瑞兰、孙守用:《论独立董事的监督成本与行为选择》,《财经理论与实践》2002 年第 4 期

143. 王天习:《公司治理与独立董事研究》,中国法制出版社 2005 年版

144. 王满:《对独立董事职能的再认识》,《财经问题研究》2003 年第 10 期

145. 王新驰:《论独立董事制对完善公司治理结构作用的有限性》,《当代财经》2002 年第 3 期

146. 王跃堂、赵子夜、魏晓雁:《董事会的独立性是否影响公司绩效?》,《经济研究》2006 年第 5 期

147. 魏刚、肖泽忠、Nick Travlos、邹宏:《独立董事背景与公司经营绩效》,《经济研究》2007 年第 3 期

148. 吴世农:《独立董事制度若干问题的思考》,《证券市场导报》2001 年第 10 期

149. 向荣:《上市公司独立董事独立性的界定与公司治理结构的关系——美国、香港地区与中国大陆的对比分析》,《南开管理评论》2002 年第 6 期

150. 夏冬林、朱松:《独立董事报酬的决定因素与公司治理特征》,《南开管理评论》2005 年第 4 期

151. 肖黎:《中国独立董事制度的现状和缺陷——基于对沪深 A 股企业 2002 年年报的研究》,《管理现代化》2003 年第 3 期

152. 谢德仁：《独立董事：代理问题之一部分》，《会计研究》2005 年第 2 期

153. 熊金才：《法律移植与文化冲突——独立送事制度移植的文化悖论》，汕头大学出版社 2006 年版

154. 徐碧林：《上市公司独立董事制度研究——中美上市公司独立董事制度之比较》，《外国经济与管理》2002 年第 1 期

155. 徐冬林：《上市公司独立董事的声誉机制研究》，《中南财经政法大学学报》2005 年第 2 期

156. 许家林：《独立董事制度建立与完善的会计视角解读》，《会计研究》2003 年第 6 期

157. 阎薇：《公司治理及独立董事的激励与约束》，《财经问题研究》2005 年第 5 期

158. 阎达五、谭劲松：《我国上市公司独立董事制度——缺陷与改进》，《会计研究》2003 年第 11 期

159. 杨洁、郑军、承龙：《独立董事制度与公司绩效》，《经济学动态》2004 年第 12 期

160. 伊志宏、杜琰：《独立董事制度有效性实证研究》，《经济理论与经济管理》2005 年第 11 期

161. 于东智、王化成：《独立董事与公司治理：理论、经验与实践》，《会计研究》2003 年第 8 期

162. 余明桂、夏新平：《控股股东、代理问题与关联交易：对中国上市公司的实证研究》，《南开管理评论》2004 年第 6 期

163. 张凡：《关于独立董事制度几个问题的认识》，《管理世界》2003 年第 2 期

164. 张庆：《我国上市公司独立董事制度与中小股东的利益保护》，《经济管理》2006 年第 21 期

165. 张巍：《独立董事制度与双层委托代理结构》，《财经问题研究》2002 年第 2 期

166. 张维迎：《博弈论与信息经济学》，上海人民出版社 2004 年版

167. 赵子夜：《小额赢利、独立董事和审计鉴证》，《会计研究》2007 年第 4 期

168. 郑红亮：《中国公司治理结构改革研究：一个理论综述》，《管理世界》2000 年第 3 期

169. 支晓强、童盼：《盈余管理、控制权转移与独立董事变更》，《管理世界》2005 年第 11 期

170. 朱瑞芳、宋国华：《对我国独立董事制度的冷思考》，《经济论坛》2004 年第 17 期

171. 朱晓妹等：《上市公司独立董事薪酬制度的理论研究及现状分析》，《南开管理评论》2005 年第 8 期

172. 中国证监会：《关于在上市公司建立独立董事制度的指导意见》，证监发（2001）102 号

后 记

本书是在我的博士论文基础上修改而成的。本书的出版首先要感谢我的博士生导师李善民教授。四年前我有幸进入中山大学管理学院攻读在职博士，虽然我一直是学经济出身，但那时对于公司财务和公司治理还是门外汉，是李老师从最经典的理论开始传授，给我们讲解研究的方法，督促我们去读最新的文献，组织我们定期讨论，给我们指出最新的研究方向，谆谆教导我们如何做学问。在我的博士论文的研究过程中，李老师不仅对我的研究思路给予了指引，还在许多具体的问题上给我提供解决的方法或是使我得到启发，并对许多笔误、语句进行了修改。

论文的写作是一个痛苦但又充实的过程，当面对论文中的每一个思想和表述反复思考、字斟句酌，唯恐出现漏洞时，当对自己的逻辑能力感到匮乏时，经常深感疲惫，酸疼的脖子和麻木的坐姿则更是家常便饭，这一切都使我深深感受到学术之路的艰辛和不易。但幸运的是，我能够对于有兴趣的问题进行一点自己认为有意义的探讨，并有机会将自己的思想表达成文，从中感受到研究的乐趣和动力。

衷心地感谢曾经传授我知识和给予我指导的中山大学岭南学院和中山大学管理学院的老师们。我特别要感谢我的硕士导师邹建华教授、我的博士论文导师组的顾乃康教授、陆家骝教授、刘娥平教授和暨南大学的杜金岷教授。我还要感谢周小春、叶会、胡朝晖、郑南磊、张媛春等博士同学在我读博士期间和论文写作过程中的无私关怀和帮助，从他们身上我不仅学到了知识，更收获了温馨而真挚的友谊。最后，感谢我的家人和朋友在我学习期间和论文写作期间给予了我巨大的支持和关怀，使我一直以来有不断前进的动力。

陈　艳

2009 年 3 月 16 日